编 委 会

主 任：

金文成　岳增敏

本卷主编：

王　欧

编委成员：

董彦斌　于水婧　张静宜　冯丹萌　陶　冶

杨梦颖　丁　磊　肖承森　程春梅　韩晓艳

陈　放　汪金友　马宏亮　李岳洋

　　为深入贯彻落实习近平总书记重要讲话精神，坚持用大历史观看待农业、农村、农民问题，讲好中国"三农"故事，发挥学史明理、学史增信、学史崇德、学史力行的重要作用，让广大"三农"从业者与人民群众更加生动、深刻地了解新中国农业农村发展历程，农业农村部农村经济研究中心（以下简称中心）会同人民日报社《讽刺与幽默》报及其漫画创作团队，以新中国成立以来的"三农"重要事件为切入点，围绕农业农村发展撰写了不同历史时期的16个"三农"故事，以图文结合的形式，将原创漫画融入其中，生动呈现"三农"发展的历程与成就，让历史更易感知、更加有趣，以弘扬传统、激励世人。

　　经过一年多的组织创作，本书最终选取收录的主题篇章内容包括：中国第一个农村合作医疗试点、人工天河"红旗渠"、第一份包干合同书、第一家乡镇企业、中国村民自治第一村、中国扶贫第一村、农村劳动力外出务工潮、希望工程、全面取消农业税、像保护大熊猫一样保护耕地、"三权分置"改革、绿水青山就是金山银山、精准扶贫"首倡地"、全国积分制治理第一村、"千万工程"推进美丽乡村建设以及实施乡村振兴战略。

新中国成立以来，中国共产党团结带领全国各族人民不懈奋斗，使中国发生了翻天覆地的变化，取得了举世瞩目的伟大成就，谱写了农业农村改革发展的壮丽诗篇。站在新的历史起点上，要深刻总结过去、资鉴现实、昭示未来，我们要勇于承担起历史赋予我们的重大使命，将乡村振兴的蓝图扎扎实实地落地，在全面建设社会主义现代化国家新征程的道路上奋勇前进。

本书的出版也是中心重视当代农史研究工作的一项重要成果。中心于1992年成立当代农史研究室，研究室成立后持之以恒地收集、整理我国当代农业、农村工作发展历程的第一手史料，持续多年整理集结《共和国农业史料征集与研究报告》，深入开展农史研究工作，出版了《中国共产党农史纲要》《激荡：共和国"三农"记忆》《改革开放40年我国农业农村发展政策透视》等系列当代农史研究丛书，是国内开展当代农史研究的重要研究阵地。此次组织出版的《中国"三农"故事之乡村记忆》，采用文字与漫画相结合的呈现方式，用通俗易懂的语言及生动的漫画图片，记录了新中国农业农村发展的历程与成就，是推广、普及"三农"发展史的文献载体，也是各级党政领导干部、"三农"工作者、科研人员和历史爱好者学党史、讲农史的重要参考书。

文中资料收集难度较大，很多应收录的人物和事件不能全面覆盖，留下遗憾。由于编者水平有限，书中难免有疏漏和不当之处，敬请各位读者朋友批评指正。

编　者

2022年6月

第一篇　中国农村合作医疗发源地 • 1

中国大地的第一个农村合作医疗试点　/ 3
啥叫"合作医疗"　/ 4
"合作医疗"的普及和发展　/ 6
新时代的新成就　/ 8

第二篇　人工天河"红旗渠" • 11

新中国的奇迹　/ 12
把山西的漳河水引到河南林县来　/ 14
难以想象的困难和牺牲　/ 15
林州人民的"生命渠"和"幸福渠"　/ 17
不能忘了杨贵　/ 18
红旗渠是树立在太行山上的一座丰碑　/ 19

第三篇　小岗村响起农村改革的一声惊雷 • 21

穷则思变，领导带头改弦更张 / 22
全国第一份包干合同书 / 23
"大包干"引领全国改革方向 / 25
从"红手印"到"红证书" / 27
而今迈步从头越 / 28

第四篇　从无锡堰桥看乡镇企业的"前世今生" • 31

乡镇企业起源于社队企业 / 32
堰桥经验是怎样炼成的 / 34
全国推广堰桥经验 / 36
乡镇企业异军突起 / 37
建在无锡的中国乡镇企业博物馆 / 38

第五篇　"村民自治"从这里起步 • 41

率先：中国村民自治第一村 / 42
缘起：农村经营制度的改革呼唤乡村治理的变革 / 43
改革：第一个村民委员会正式诞生 / 44
推广：村民自治上升为国家层面管理制度 / 46

第六篇　中国扶贫第一村 • 51

"输血"救济,成效甚微 / 53
"换血"搬迁,挪窝拔根 / 55
"造血"授渔,内生动力 / 56

第七篇　农村劳动力的外出务工潮 • 61

外出务工大潮的兴起 / 62
从控制"盲流"到有序引导 / 63
哪些省份劳务输出最多 / 66
农民工的历史性贡献 / 69

第八篇　"希望工程"结硕果 • 71

什么是"希望工程" / 72
"希望工程"的由来 / 74
全国第一所希望小学 / 75
让人难忘的"大眼睛"照片 / 77
改革与升华 / 79

第九篇　全面取消农业税 • 83

事关全国农民利益的大事　/ 84
农业税的起源和变革　/ 85
王三妮和"告别田赋鼎"　/ 87
从取消农业税到"两免一补"　/ 89

第十篇　像保护大熊猫一样保护耕地 • 91

耕地中的"大熊猫"　/ 92
粮食大省如何成为农业强省　/ 93
把粮食优势转化为产业优势和富民优势　/ 95
兴粮、强县、富民，三措并举　/ 97
把黑土地视若珍宝　/ 99
梨树模式值得总结和推广　/ 100

第十一篇　农村土地的"三权分置" • 103

什么是"三权分置"　/ 104
"三权分置"的产生背景　/ 106
"三权分置"的基本原则　/ 107
"三权分置"的意义作用　/ 108

第十二篇　绿水青山就是金山银山 • 111

发生在浙江安吉的著名论断　/ 112
矿山曾经是全村人的"命根子"　/ 113
发展到底是为了什么　/ 115
绿水青山真的变成了金山银山　/ 118
展开美丽中国的崭新画卷　/ 119

第十三篇　精准扶贫的"首倡地" • 121

风起湘西十八洞村　/ 122
全国脱贫攻坚楷模　/ 123
得益于精准扶贫"首倡地"这块金字招牌　/ 126
乡村振兴有了"路线图"　/ 127

第十四篇　全国积分制治理第一村 • 131

官场村的新创举　/ 132
"行为银行"与"快乐会议"　/ 133
积分制模式的完善　/ 136
积分制治理的影响　/ 138

第十五篇 "千万工程"推进美丽乡村建设 • 141

保护环境,传统发展方式必须转型 / 142

找准抓手,果断决策推进"千万工程" / 144

持续努力,"千万工程"的四个发展阶段 / 146

美丽升级,从"千万工程"到全面振兴 / 147

第十六篇 实施乡村振兴战略 • 151

乡村振兴战略的提出 / 152

实施乡村振兴战略的目的和意义 / 154

乡村振兴的主要内容 / 156

各地积极推进乡村振兴 / 158

第一篇

中国农村合作医疗发源地

中国"三农"故事之乡村记忆

中国大地的第一个农村合作医疗试点

2019年7月17日,中央广播电视总台在《朝闻天下》栏目中,播出了大型系列报道《新中国的第一》系列节目——《探访长阳乐园村中国农村合作医疗发源地》专题篇,其中详细讲述了20世纪60年代末,发端于湖北长阳县乐园村,兴起于中国大地的第一个农村合作医疗试点。

1949年新中国成立的时候,全国共有5.41亿人。其中城镇人口5763万人,占10.6%;农村人口4.84亿人,占89.4%。当时,中国人的平均寿命在35岁左右。其主要原因是新中国成立之前的连年战乱,尤其是14年的抗日战争,导致全中国3000多万人丧失生命。再就是医疗事业不发达,尤其是在广大农村,医疗条件更差。

过去的农村,医生很少。只有那些大村,才可能有一两个私人医生。老百姓家里有人得了病,就要去"请先生"到家里来诊断。而出诊费和药费,都是一笔不小的开支。再加上通信不畅、交通不便、出行困难等因素,很多农村人都看不了或看不起病。新中国成立以后,农村面貌和农民生活有了很大改善,但因贫致病、因病致贫的现象,依然经常发生。

我们今天要讲的中国农村合作医疗发源地,就在湖北省宜昌市长阳土家族自治县榔坪镇乐园村。这是个深居大山的村庄,距榔坪集镇45公里,距长阳县城157公里。现在全村800多户农民,都居住在海拔200米至1600米的山峦里。这里生长着国家一级保护植物珙桐,被誉为中国的"珙桐之乡"。但直到新中国成立之初,都没有解决缺医少药的困窘。

啥叫"合作医疗"

在乐园村第一个想到合作医疗的人,叫覃祥官。1933年农历九月二十六日,覃祥官出生在长阳县榔坪镇杜家村。1964年,乐园公社党委送他到中医进修班学习,翌年4月学成归来后,担任公社卫生所医生。在工作中,他切身感受到农民无钱治病的痛苦,好多人"小病拖大,大病拖垮"。

为此,1966年,覃祥官向公社党委申请,辞去卫生所医生职务,到杜家村大队卫生室担任赤脚医生。接着,他创造性地提出了建立农村医疗合作制度的想法,并在长阳县卫生局工作队的指导下,成立了合作医疗管委会,制定了《合作医疗管理条例》。1967年8月,中国历史上第一个农村合作医疗试点单位,在"乐园公社杜家村卫生室"挂牌。就这样,新中国的第一个农村合作医疗,在乐园诞生了。

此后,覃祥官成为中国合作医疗的主要创始人,被誉为"中国农村合作医疗之父",又被选为第四届省人大代表,先后三次受到毛泽东主席接见。后被选为长阳县委常委、宜昌地委委员、政协委员。后因病于2008年10月23日在榔坪镇乐园去世,享年76岁。

当时的合作医疗办法很简单,就是乐园村全村的每个农民,不分男女老幼,每人每年交1元钱,再从村里的集体公益金中,给每人补贴5角钱。这些钱加在一起,作为全村的合作医疗基金。农民到村卫生室看病的时候,只需要交5分钱的挂号费,吃药打针都不需要再多交钱。如果患了大病,再由村卫生室决定是否送大医院诊治。所需的费用,也由村里的合作医疗基金负担大部分。

这个办法,极大地缓解了农民的看病之忧。尤其是贫困人家和慢性病患者,大大减轻了医疗负担。

到现在,农村合作医疗制度已经更加完善,对"合作医疗"的解释,也更加准确。那就是:"合作医疗",全称新型农村合作医疗保险,是在群众自愿互助的基础上,依靠集体经济,在防病治病上实行互济互助的一种福利性质的医疗制度。"合作医疗",是由我国农民自己创造的互助共济的医疗保障制度,在保障农民获得基本卫生服务、缓解农民因病致贫和因病返贫方面发挥了重要的作用。

"合作医疗"的普及和发展

实行合作医疗以后,到乐园村卫生室来看病的人数迅速增长,需要的药物量也大增,致使合作医疗资金入不敷出。为了解决这种"僧多粥少"的情况,合作医疗管委会推出了"三土四自"的办法。"三土"即土医、土药、土药房,"四自"即自种、自采、自制、自用。

总结起来说,就是"用乐园山上的药,治乐园山上的人"。

经过几年的努力,当地老百姓纷纷加入种药、献药、采药的队伍中。半数农户建起药园,700多人参加采药,献出120多个药方和500多斤中草药。在这种自给自足自销的情况下,合作医疗经费逐渐充足,甚至还出现了结余。"吃药不花钱"的合作医疗制度,得到了人们的热情支持,超过七成的村民都参加了合作医疗,过去看不起病的情况得到了极大改善。

1968年下半年,一份反映乐园公社合作医疗情况的调查报告被送进了中南海。毛泽东主席在看了报告后,亲笔写下了4个字:此件照办。同年12月5日,《人民日报》加编者按,在头版头条发表了湖北省宜昌地区革委会、长阳县革委会、长阳县人民武装部调查组的调查报告《深受贫下中农欢迎的合作医疗制度》。报告称合作医疗是一件新事物,称赞覃祥官是"白求恩式的好医生",强调"要把医疗卫生工作的重点放到农村去"。

按照中央的要求和部署,农村合作医疗制度,很快在全国各地得到推广。到20世纪70年代,基本村村都有了合作医疗。

改革开放以后,合作医疗制度更是得到进一步的发展和完善。

2002年,中共中央、国务院作出了《关于进一步加强农村卫生工作的决定》,要求"各级政府要积极组织引导农民建立以大病统筹为主的新型农村合作医疗制度",赋予了农村合作医疗必须要有适应现代社会需要的新内涵。

2003年,湖北长阳被纳入全国新型农村合作医疗试点县,设计出"自愿参加、多方筹资、大病统筹、小病补偿、公开公正、平等享有、科学管理、民主监督"的新模式。

2009年4月6日,《中共中央、国务院关于深化医药卫生体制改革的意见》正式公布实施,"新医改"提出的主要任务,就是"加快推进基本医疗保障制度建设"。

从此,新农合、城镇职工、城镇居民基本医疗保险三张"大网"覆盖面迅速扩展,百姓看病就医负担逐渐减轻。

新时代的新成就

党的十八大以后,全国农村合作医疗制度不断深化、逐步升级。为了不让百姓"因病致贫、因病返贫",2015年1月,各级财政提高了对新农合的人均补助标准。2016年,国家进一步将新农合与城镇职工、城镇居民医保进行整合,覆盖13亿城乡居民,补助标准进一步提高。

到2018年,中国已有581万因病致贫返贫户实现脱贫。从这年开始,国家实施健康扶贫三年攻坚行动,对贫困人口兜底保障,在县域内看病实行先诊疗后付费。到2020年,实现了农村贫困人口制度全覆盖,基本医疗、大病保险、医疗救助覆盖率达到100%。

经过50多年的发展,由医生自发组织,并推广至全国的农村合作医疗,已经影响和造福了亿万农民,整个中国农村的医疗条件,也发生了翻天覆地的变化。如今,随着城乡居民基本医疗保险实施办法的推行,看病报销再也不分城乡,广大农民有了基本的医疗保障,求医难、就医贵渐成历史。

长阳土家族自治县在这一基础上,增加了"985"的合作医疗模式。即贫困户看病报销90%,慢性病门诊报销80%,贫困户自费不超过5000元,为贫困群众看病兜底。深山里的乐园村,也建立起了家庭医生签约制度,许多村民都有专门的签约医生,为患者长期跟踪治疗。这些家庭医生每年为村民做一次免费体检,建一份电子健康档案,定期回访患有糖尿病、高血压等疾病的村民。病人走不动的,医生带上设备,上门服务,送医送药。

走进如今的乐园村卫生室,中药、西药各种药品琳琅满目,诊疗室、检查室、注射室、心理室,窗明几净,应有尽有。这里的医生,也一代接一代,持续守护着山里百姓的健康。

中国"三农"故事 之乡村记忆

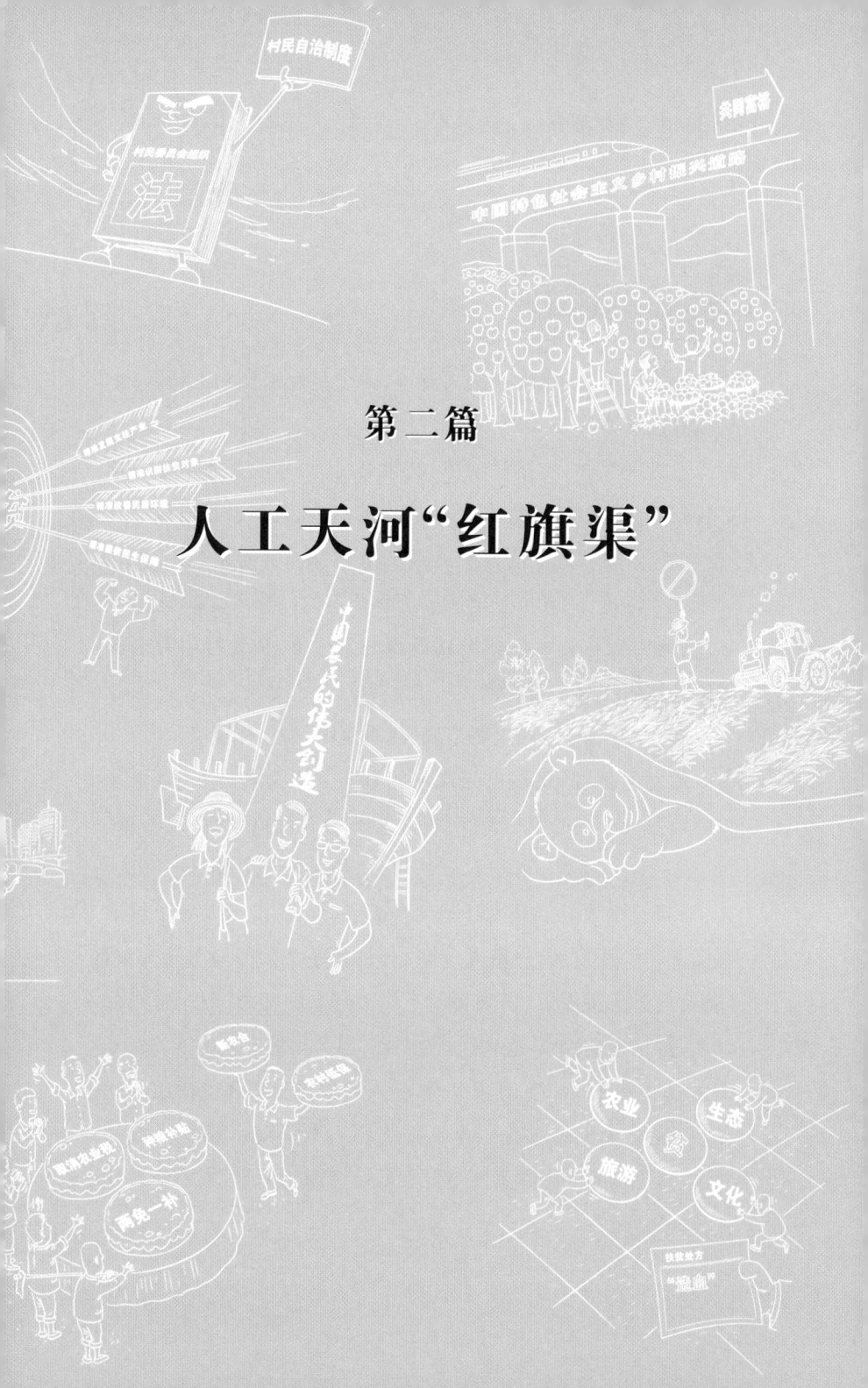

第二篇

人工天河"红旗渠"

新中国的奇迹

周恩来说,新中国有两大奇迹,一个是南京长江大桥,一个是林县红旗渠。

习近平强调,焦裕禄精神、红旗渠精神,这些革命创业精神是我们党性和宗旨的集中表现,历久弥新,永远不会过时。

也有人说:"这里的人工天河,是世界第八大奇迹。"

这个奇迹,就是位于河南安阳林州市的红旗渠。20世纪60年代,河南省林县人民在极其艰难的条件下,从太行山腰修建引漳入林的巨大水利工程。

"红旗渠"的名称,主要是取"红旗精神"的象征意义。

那时的林县,现在已经改名叫林州。因为古时候,这个地方就叫林州。林州位于河南省最北部的太行山东麓,地处豫、晋、冀三省交界处,属安阳市管辖。准确地说,林州是个山区县,而且是个大县。现在下辖4个街道、16个镇,还有1个国家级经济技术开发区,户籍人口114万。由于在太行山南段,四周环山,气流无法深入,历来备受干旱之苦。据县志记载,自明代以来,这里发生过100多次自然灾害,因大旱绝收就有30次,经济发展严重落后。由于缺水,林县人只得将生产和生活用水反复利用,导致疾病流行。全县的患病人数一度占到总人口的30%以上,人民生命健康遭受巨大威胁。因为争水,人们经常发生矛盾纠纷。

新中国成立后,林县陆续修建了一些水利工程,但依然没有解决土地灌溉问题。1957年12月,林县县委书记杨贵在参加了中共中央农村工作部全国山区工作座谈会议后,提出了"重新安排林县河山"的响亮口号。

此后,他们相继修建了4座中型水库,开挖了2400万个鱼鳞坑,37000条防洪渠,整修山坡梯田389000亩,挖旱池2453个,打旱井28512眼。但由于水源不足,当1959年遇到前所未有的干旱时,境内的4条河流全都断流干涸。已经建成的水渠,无水可引,修建的水库无水可蓄。很多山村群众连获取生活用水都极为困难。

把山西的漳河水引到河南林县来

林县的干部群众经过多次讨论,一致认为,要解决水的问题,必须寻找新的可靠的水源,修渠引水入林县。但是在林县境内没有这样的水源,于是县委县政府把寻水的目光移向了林县境外,想到了水源丰富的浊漳河。

县委领导和相关技术人员兵分三路,到毗邻的山西省平顺、陵川和壶关县考察水源。经过深入的调查研究,在对所需人力、物力、财力进行客观测算与评估,对技术难度进行可行性分析的基础上,初步选定了山西的赤壁段、耽车村、侯壁段、辛安村等几个引水点。

1960年2月10日,林县县委县政府召开"引漳入林"誓师大会。通过广播,向全县人民郑重宣告:"伟大的划时代的'引漳入林'工程,定于1960年2月11日正式开工!"当时国民经济面临严重困难局面,而林县在极其困难的情况下,动员所有的人力、物力、财力,投入"引漳入林"工程。全县人民横下一条心,再苦再难,也要把渠修成,把水引进来。

1960年3月6日,林县县委书记、修渠领头人杨贵,正式把"引漳入林"工程命名为"红旗渠",意思就是高举红旗前进。

难以想象的困难和牺牲

红旗渠工程于1960年2月动工,至1969年7月支渠配套工程全面完成,历时近10年。在艰难的施工条件下,林县人民奋战于太行山的悬崖绝壁上,逢山凿洞、遇沟架桥,削平了1250个山头,架设了152个渡槽,凿通了211个隧洞,共挖砌土石方1515.82万立方米。红旗渠渠首建在山西省平顺县石城镇,总干渠长70.6公里,高4.3米,宽8米。在分水岭分为3条干渠延伸进林县腹地。红旗渠分干渠、支渠、斗渠共1500多公里,是全国大型灌区之一。沿渠兴建水库48座,堰塘346座,提水站45座,小型水力发电站45座。

红旗渠工程总投工5611万个,总投资12504万元。其中国家投资4625万元,占37%,社队投资7878万元,占63%。参与群众7万人,先后有81位干部和群众献出了自己宝贵的生命。其中年龄最大的63岁,年龄最小的只有17岁。

有一首《红旗渠》的诗,以纪念那些牺牲的英雄们:"在太行山脉,一条人工的河,流进了每一位游人的内心。漫山飘荡的绳索,串起了遥远的凿石声。曾经渴望的眼神里,硬是在峭壁的岩石上,凿出了希望!八十一位弟兄,音容成为遗照;绝壁上挥舞铁锤的力量,将贫穷的命运砸碎!豆大的汗滴,融化了岩石。让一条沟渠,在峭壁上蜿蜒前伸。从通水的第一天,滔滔的漳河水,让这片干渴的大地,自此不再有干渴的生命!"

林州人民的"生命渠"和"幸福渠"

红旗渠的建成,彻底改善了林县人民靠天等雨的恶劣生存环境,解决了56.7万人和37万头家畜的吃水问题。54万亩耕地得到灌溉,粮食亩产由红旗渠未修建时期的100公斤,增加到1991年的476.3公斤。同时还带动了林县牧业、工业、乡镇企业、建筑业、交通运输业、旅游业及其他事业发展。因此,林州人民一直称红旗渠为"生命渠"和"幸福渠"。红旗渠不仅工程浩大,而且建筑质量高超,通水40多年来,仍巍然屹立在太行山上,至今建筑专家们还称赞它为中国建筑史上的典范。

不能忘了杨贵

杨贵是当年林县的县委书记,也是修建红旗渠的第一大功臣。人们如此评价:"古有都江堰,今有红旗渠;古有李冰,今有杨贵。"

1954年4月,26岁的杨贵被任命为林县县委书记。当时他就下定决心,不管遇到多大的困难,非得把林县贫穷落后的面貌给改变了不可。他在林县整整工作了21年,率领林县人民知难而进,苦干10年,修成了人工天河——红旗渠,并创造了伟大的红旗渠精神,成为我国水利建设上的一面旗帜。

红旗渠是树立在太行山上的一座丰碑

红旗渠是20世纪60年代林县人民发扬"自力更生、艰苦创业、自强不息、开拓创新、团结协作、无私奉献"精神创造的一大奇迹，结束了林县十年九旱、水贵如油的苦难历史。

红旗渠是党和人民树立在太行山上的一座丰碑。林县人民在建设这项惊天地、泣鬼神的伟大工程中，锻造了气壮山河的"红旗渠精神"。红旗渠已不是单纯的一项水利工程，它已成为民族精神的一个象征。

改革开放以来，林县人民不断赋予红旗渠精神新的内涵，将中华民族艰苦奋斗的传统美德与时代精神结合起来，谱写了气壮山河的"战太行、出太行、富太行"创业三部曲，实现了林县由山区贫困县，向现代化新兴城市、生态旅游城市的跨越。

第三篇

小岗村响起农村改革的一声惊雷

穷则思变,领导带头改弦更张

50年前,以讨饭闻名的花鼓之乡凤阳县,是安徽省贫困落后地区的代表。在凤阳县的铁路沿线,经常会看到蓬头垢面拖儿带女的农民,他们争先恐后地扒车出去乞讨谋生。

1977年6月21日,已经61岁的万里,"空降"安徽任省委书记。上任以后,他首先做了一次认真的农村调研。调研结束回到合肥,万里书记主持召开了全省各市县书记会议。他说,不能容忍一个农业大省的农民,连自己的肚子也填不饱。这问题已刻不容缓。首先得想办法让农民有饭吃,否则,连肚子也吃不饱,一切无从谈起。

与此同时,他又召开了省委常委会议,明确表示,必须改弦更张,要用新的政策、新的办法来调动农民的积极性。这些话,在今天听来其实很平常,可在当时,却让在座的常委们惊心动魄、热血沸腾。

就这样,中共安徽省委发出了《关于当前农村经济政策几个问题的规定(试行草案)》,后简称为"省委六条",下发到全省。"省委六条"强调生产队必须有自己的自主权,要建立起农村生产责任制,甚至允许生产队下面组织作业组,且允许责任到人,并鼓励农民经营自留地和家庭副业等。

1978年夏秋之际,安徽遭受历史罕见的大旱,农民再次面临生活困境。9月初,在时任省委第一书记万里的支持下,中共安徽省委实行了"借地种麦"政策。结果,肥西县在大旱之年取得大丰收。在"借地种麦"的影响下,安徽农村悄然兴起了包产到组、包产到户的责任制,但没有人敢于突破禁区分田到户。

全国第一份包干合同书

1978年12月,党的十一届三中全会召开,吹响了改革开放的号角。与此同时,安徽凤阳小岗村的农民,偷偷地实行了包干到户的责任制。有名的"叫花子县"凤阳,早有"十年倒有九年荒"之名,小岗生产队更是远近闻名的光棍村、讨饭村。全队20户人家,不算2户单身汉,家家讨过饭,家家都有人当过生产队干部,但都没能解决吃饭问题。当包干到组责任制在凤阳全县兴起时,小岗也学着别人的样子搞起了分组作业。先是将全队分成2个作业组,"大呼隆"变成"小呼隆"。没维持几天,又将

2个作业组划开，分成4个、8个作业组，但还是有上工迟到、分工吵嘴、记分计较等现象。要再划开的话，只有一家一户包田干了。于是，1978年12月23日那个寒冷的冬夜，在凤阳县梨园公社小岗生产队严立华家那低矮的草房里，18个户主聚在一起，召开了一个关系全队命运的秘密会议，主题是研究分田单干。大家的话匣子一下子被打开，队长严俊昌"最后拍板"："我们定下两条规定：第一，我们分田到户，瞒上不瞒下，不准向任何人透露；第二，上交公粮的时候，该交国家的交国家，该交集体的交集体，剩下的归自己，任何人不准装孬。"

随后，副队长严宏昌执笔，写下了全国第一份包干合同书："我们分田到户，每户户主签字盖章。如此后能干，每户保证完成每户全年上交和公粮，不在(再)向国家伸手要钱要粮；如不成，我们干部作(坐)牢杀头也干(甘)心。大家社员也保证把我们的小孩养活到18岁。"他们这里说的"分田到户"，实际上就是"包干到户"。接着，他们连夜抓阄分牲畜、农具，又迅速丈量土地，艰难地迈出了包干到户的第一步。

"大包干"引领全国改革方向

天还是那个天,地还是那个地。但在包干到户制度的激励下,小岗农民憋了多年的干劲爆发了出来,各户拼命地干。俗语说,没有不透风的墙。其他村队的亲友外人,一看小岗人的劳动阵势,就明白是包干到户了,消息很快传开。

公社领导立即把几个队干部找去质问:"你们小岗是不是在搞单干?你们当干部的要注意,这样搞是要犯国法的。如果是单干,赶快并起来,否则就要把你们小岗的情况上报县委处理。"严宏昌等人一口咬定只是分组作业,不是分田单干。

所幸的是,小岗人的行动得到了凤阳县委和安徽省委的支持。时任凤阳县委书记的陈庭元找到严宏昌,叫他不要害怕,不要有思想顾虑:"只要你们能搞到吃的,我们也不要你们粮食,只要不再靠国家就好了。好好干,就做一个试点。"这下子,小岗人心里的石头终于落了地。

1979年10月,秋高气爽。打谷场上一片金黄,算盘珠被人们拨得"噼噼啪啪"作响。检验小岗包干到户成果的时候到了。数字出来了,粮食总产量132370斤,相当于全队1966年至1970年5年粮食产量的总和。年年"吃粮靠返销,花钱靠救济,生产靠贷款"的小岗,第一次向国家交了公粮。

实践给小岗的包干到户作出了响亮的回答。1980年1月,省委书记万里到小岗视察,挨家挨户逐个探访,对小岗的创举作了高度的评价,肯定了包干到户:"今后,哪个再说你们是搞资本主义,这场官司交给我,我替你们打。"

万里首先在安徽支持责任制促进了农业的发展,"要吃米,找万里"的佳话不胫而走。随着包干到户从暗处走到明处,从个别省份走到全国许多省份,由此引起的责难也纷至沓来。当时,《人民日报》发表了读者来信《"三级所有,队为基础"应该稳定》,这似乎给悄悄点燃的星星之火泼了一盆冷水。由此,议论四起,人心惶惶。

在包干到户遇到重重阻力的关键时刻,邓小平对农村的改革及时给予了有力的支持。1980年5月31日,他同中央负责人就农村问题发表了自己的看法:"农村政策放宽以后,一些适宜搞包产到户的地方,搞了包产到户,效果很好,变化很快。安徽肥西县绝大多数生产队搞了包产到户,增产幅度很大。'凤阳花鼓'中唱的那个凤阳县,绝大多数搞了大包干,也是一年翻身,改变面貌。有的同志担心,这样会不会影响集体经济,我看这种担心是不必要的。"

包干到户真正得以正名是在1982年。这年1月1日,中国共产党历史上第一个关于农村工作的"一号文件"正式出台。文件明确指出,包产到户、包干到户,都是社会主义集体经济的生产责任制。到1984年,全国基本实行了以"大包干"为主要形式的家庭联产承包责任制。"三级所有,队为基础"的人民公社被县乡镇政府所取代,人民公社正式退出了历史的舞台。

从1982年到1986年,中央连续发布了5个有关农村工作的"一号文件",一步步将农村改革推向全国,引向深入,最终确立了中国农村的家庭联产承包责任制。农村改革也推动了城市改革,在我国很快就形成了第二次"农村包围城市"之势。

从"红手印"到"红证书"

小岗从一度迷茫中奋起,在上级党组织领导下,特别是在以村第一书记沈浩为代表的村"两委"直接带领下,小岗人发扬"大包干"精神,再度开启改革新征程。

2015年7月8日,16户小岗村村民代表领到红灿灿的《中华人民共和国农村土地承包经营权证》,拉开安徽农村土地承包经营权确权登记颁证的序幕。

当年土地由"合"到"分",是解放生产力的必然要求;40年后,土地由"分"到"合",亦是现代农业发展的内在需求,目前小岗60%以上的土地已实现流转。农村宅基地和农房确权发证试点、推进小型水利工程管理体制改革、以种粮大户程夕兵名字命名的土地股份合作社正在试点。近年来,小岗持续担当全省的农村改革探索先锋。

小岗村产业经济也在崛起。5平方公里的小岗产业园正加快建设,小岗村品牌等无形资产评估入股小岗创新发展公司,还设立了4亿元的"小岗徽银现代农业改革支持基金"。

而今迈步从头越

党的十八大以来,小岗村迎来了发展最快的时期。特别是自2016年实施"三年大变样"行动后,小岗迎来快速改革发展期,2017年小岗实现村集体收入突破820万元,农民人均收入比

2012年增长70%以上。

2016年4月25日,习近平总书记一行驱车来到小岗村,下麦田、进农家。他来到"当年农家"院落,了解了当年18户村民签订大包干契约的情景后十分感慨。当年贴着身家性命干的事,变成中国改革的一声惊雷,成为中国改革的一个标志。他强调,雄关漫道真如铁,而今迈步从头越。

今天,走进小岗村,看着村里美丽的环境、人们美好的生活,听两代小岗人讲述历史、畅想未来,相信每个人都会为他们表现出来的敢试、敢闯、敢为人先的集体精神力量所深深震撼。

小岗村发生的翻天覆地的变化,是我国改革开放的一个缩影,让人感慨万千。实践证明,唯改革才有出路,改革要常讲常新。重温改革,就是要坚持党的基本路线一百年不动摇,改革开放不停步。相信新时代的小岗村人,定然能够继续发扬矢志创新、自强不息、艰苦奋斗的优良传统,在改革发展的道路上勇往直前、再谱新篇!

乐园村卫生室

红旗渠

美丽乡村

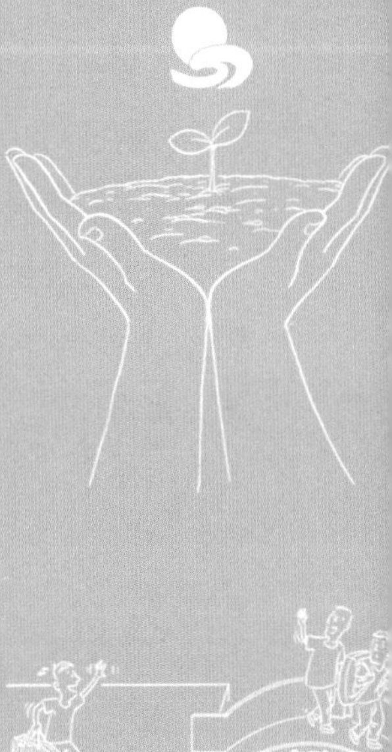

积分制治理
2016年1月12日官场村

经济改革

坚持农村土地集体所有权
稳定农户承包权
放活土地经营权
流转

第四篇

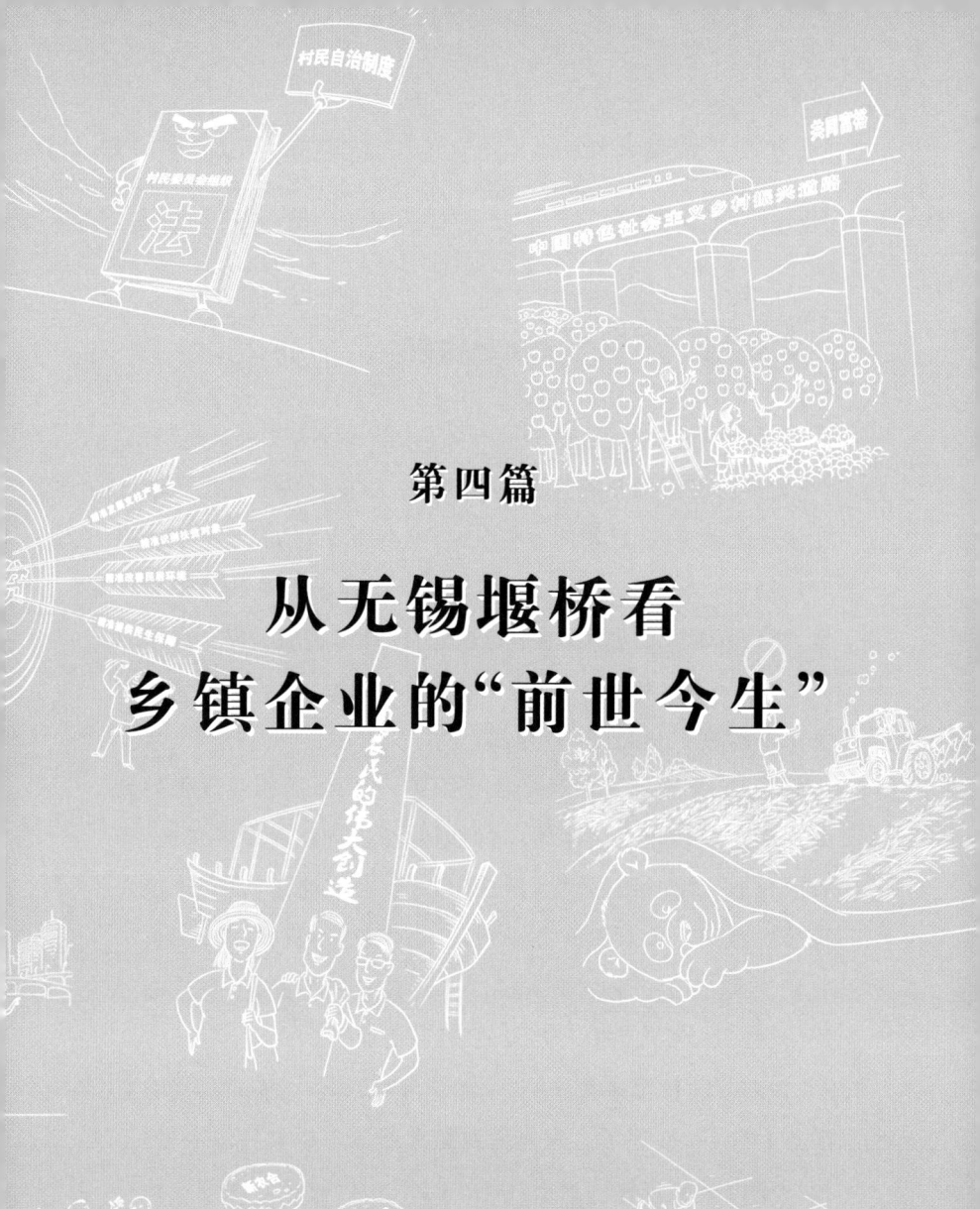

从无锡堰桥看
乡镇企业的"前世今生"

乡镇企业起源于社队企业

新中国成立后,从1952年开始,我国逐步实现对农业、手工业、资本主义工商业的社会主义改造。农业社会主义改造通过合作化运动实现,仅用四五年时间,基本完成5亿农民从个体小农经济向社会主义集体经济的转变。个体手工业社会主义改造,坚持自愿互利原则,通过说服教育、典型示范和国家援助的方法,引导他们联合在一起,走合作化的道路,最后发展成社会主义性质的手工业生产合作社。

当时,我国呈现出经济社会发展、人们生活初步改善的良好局面。虽然粮食连年增产,但副业和多种经营发展缓慢,导致农民收入增长缓慢。"大跃进"和人民公社化运动中,许多人民公社组织广大农民开办小钢铁、小煤矿、小机械、小水泥、小化肥五种小型工业企业,提出了"县县发展工业,乡乡举办工厂,社社积极参加"的口号,发展"社队工业"。

1956年,江苏省无锡县(今无锡市)云林乡的春雷高级农业生产合作社,办起了一家修理农船和制造木器农具的木工厂,成为中国最早的社队企业之一。同年5月,时任农业部部长廖鲁言在视察无锡县春雷高级生产合作社时,对春雷社办工副业的做法予以充分肯定。1958年云林乡成立东亭人民公社后,将原来的春雷高级社木工场改名为春雷造船厂。

此后，社队企业在全国各地逐步增多和发展。但在社会主义建设时期的计划经济体制下，社队企业没有形成大气候。

1978年以后，我国经济体制改革率先在农村取得突破，家庭联产承包责任制的全面推行，使农民的生产积极性空前提高，农业生产迅速增长，生产效率大幅跃升。虽然农村劳动力的就业渠道也随之拓宽，但剩余劳动力问题凸显。在此背景下，就要大力解决农民就业和增收问题，乡镇企业迎来了改革发展的历史机遇。

20世纪90年代初，在长三角和珠三角地区，乡镇企业在当地经济发展中"三分天下有其一"。而要说乡镇企业，不能不说苏南；要说苏南，不能不说无锡。因为这个地方，不仅是近代民族工商业的发源地，而且是改革开放以后乡镇企业的发源地。在这里，如雨后春笋般成长起来的乡镇企业，由小变大，由弱变强，成为享誉全国的"苏南模式"和"领头羊"。

如今，在江苏民营企业百强榜上，有超过半数的企业都是由当初的乡镇企业转制而来,并在新时代焕发出高质量发展的勃勃生机。

堰桥经验是怎样炼成的

我们这里说的堰桥,是指江苏省无锡市惠山区堰桥乡。无锡是全国15个经济中心城市之一,也是国务院确定的长江三角洲沿海经济开放区开放城市。而位于无锡市惠山区的堰桥乡,正处于长江经济带的发达地区。

1982年,全国各地农村都在如火如荼地推广家庭联产承包责任制。当时的堰桥乡,突然遭受了一场较大的秋雨。堰桥乡的领导发现,那些已经分田到户的大队,全部抢收完毕,而还没有分田到户的地方,粮食都烂在了田里。

受此启发,乡领导准备用"承包"的办法,尝试解决社队企业面临的经营困难。当时,工厂承包没有先例,也没有文件。堰桥乡党委在调研后决定找个小厂,先行试验。

当时,乡里有个服装厂,是1980年办起来的,3年连续亏损,经营管理成了"老大难"。按道理,周边市场服装奇缺,不愁市场销路,但工厂就是不能盈利,3年换了3位厂长,一点起色都没有。

1982年11月,乡党委拿出了承包方案:全年上缴利润5000元,超额部分由厂长自行处理。按照这个条件,谁愿意承包厂子,谁就当厂长。当时,三名裁缝师傅上台发表竞选演讲,由全厂职工投票选出新厂长。新厂长上任后,实行"定额计件制",

超额完成有奖,到当月底,服装厂首次实现扭亏为盈,众人皆大欢喜。

有了先行先试的实践基础,1983年2月,乡党委正式宣布在全乡的所有乡镇企业,推行以"一包三改"为主要内容的改革措施。

所谓"一包":就是实行以厂长、经理为主的经济承包制。承包者有高度的经营自主权,超额完成承包指标后,报酬可高于本人工资的30%,有特殊贡献的可高于一倍以上。

所谓"三改",就是三项改革:一是改企业干部由乡党委任免为聘用,经营有方者连聘连任,完不成承包合同一律免职;二是改工人由"录用制"为"合同制",破除了"铁饭碗",对表现不好、教育无效者,厂长有权将其辞退;三是改干部工人的基本工资为浮动工资,多劳多得,破除"大锅饭"。

"一包三改"对当时的乡镇企业发展问题对症下药,效果立竿见影。短短一年间,全乡亏本企业基本全部扭亏为盈。与1982年相比,全乡工农业总产值增长了七成多。因此,堰桥也被称为中国乡镇企业领域改革的"小岗村"。

全国推广堰桥经验

1984年4月13日,《人民日报》发表了《堰桥乡乡镇企业全面改革一年见效》的消息,对堰桥在乡镇企业领域的首创精神给予高度肯定。此后,乡办、村办、生产队办、联户办、条线办、户办企业"六个轮子一起转"全面推进,"一包三改"经验全面推行,取得了显著成效。5月11日,当时的江苏省委书记韩培信,专程来到堰桥召开座谈会,要求全省各地学习推广堰桥经验,加快经济体制改革。

1984年5月25日,江苏省委批转无锡市委《关于总结和推广无锡县堰桥乡乡镇工业"一包三改"经验的报告》,向全省推广堰桥经验。文件一直下发到乡一级,在全省和全国引起了强烈反响。全国各地来无锡县和堰桥乡参观学习的,就有20多万人次。

江苏城乡,更是迅速掀起了推行承包制、促进企业改革和发展的高潮。在"一包三改"的推动下,1984年,江苏有158个乡镇的工业产值超过亿元。全省乡村集体工业产值达226.24亿元,占全省工业总产值的33%。

30多年前,"一包三改"的堰桥经验,推动了无锡乡镇企业的"异军突起",也促进了"苏南模式"的创立和形成。

乡镇企业异军突起

1984年,在乡镇企业发展历史上是一个非同寻常的年份。中共中央、国务院转发农牧渔业部《关于开创社队企业新局面的报告》,正式将社队企业改称乡镇企业,对家庭办和联户办企业及时给予充分的肯定。报告提出发展乡镇企业的若干政策,促进乡镇企业迎来迅速发展的阶段。乡镇企业遍地开花,涌现出苏南模式、温州模式、珠江模式、晋江模式等诸多模式。

1987年,乡镇企业产值占农村社会总产值的比重首次超过农业总产值,农村经济出现历史性变化。

邓小平曾这样评价:"农村改革中我们完全没有预料到的最大的收获,就是乡镇企业发展起来了,突然冒出搞多种行业、搞商品经济、搞各种小型企业,异军突起。"

1989年至1991年,三年治理整顿期间,乡镇企业发展速度减缓,许多乡镇企业苦练内功,调整结构,渡过难关,迎来又一次快速发展时期。1996年我国历史上首部保护和规范乡镇企业行为的法律《中华人民共和国乡镇企业法》的出台,标志着我国乡镇企业的管理走上了法治化轨道。

进入21世纪以后,乡镇企业产权改革深入推进,改制后的乡镇企业以新型集体、混合制和个人独资形式再次创业,进入调整发展阶段。

党的十八大以来,国家实施创新驱动战略和大众创业、万众创新战略,并不断向农村延伸拓展,乡镇企业发展空间进一步扩大,形成以创新带创业、以创业带就业、以就业带增收的良性互动局面。

建在无锡的中国乡镇企业博物馆

第一个社队企业出在无锡,第一个乡镇企业改革的堰桥经验也出在无锡。所以,无锡就有了一家中国乡镇企业博物馆。这个博物馆,就建在无锡市锡山区东亭春雷造船厂旧址,于2010年7月28日正式建成开馆,这也是全国唯一收藏乡镇企业发展各时期文史资料和文物的博物馆。

这个博物馆主要由室内展示场馆和春雷造船厂旧址两部分组成。主展馆分为序厅、成就馆、历程馆、区域馆和无锡馆5部分。整个博物馆按照"尊重历史、注重现在、展示辉煌、昭示未来"的思路,通过大量的实物、图片和文字记录,集中展示了中国乡镇企业的发展历史、成功经验和辉煌成就。

中国乡镇企业博物馆的建设和落成,是我国乡镇企业发展史上一件具有里程碑意义的大事。其内容展示,对于弘扬亿万农民百折不挠的创业精神、解决"三农"问题、促进城乡统筹发展和全面建成小康社会具有重要的现实意义。

乡镇企业的改革发展,极大地改变了农业发展方式、农村产业结构和农民生产生活状态,并成为城乡一体化的联结纽带,在发展乡村产业融合、壮大集体经济、培养乡村经营主体和人才等多方面发挥了重要作用,为我国经济社会发展做出了巨大贡献。

改革开放历程中,乡镇企业创造了一段"意想不到"的辉煌。乡镇企业的异军突起和迅速发展,开创了一条具有中国特色的农村工业化之路,留下了弥足珍贵的文化遗产和精神财富。在全面实施乡村振兴战略、加快推进农业农村现代化进程中,乡镇企业的地位更重要、更明显,仍然大有可为。

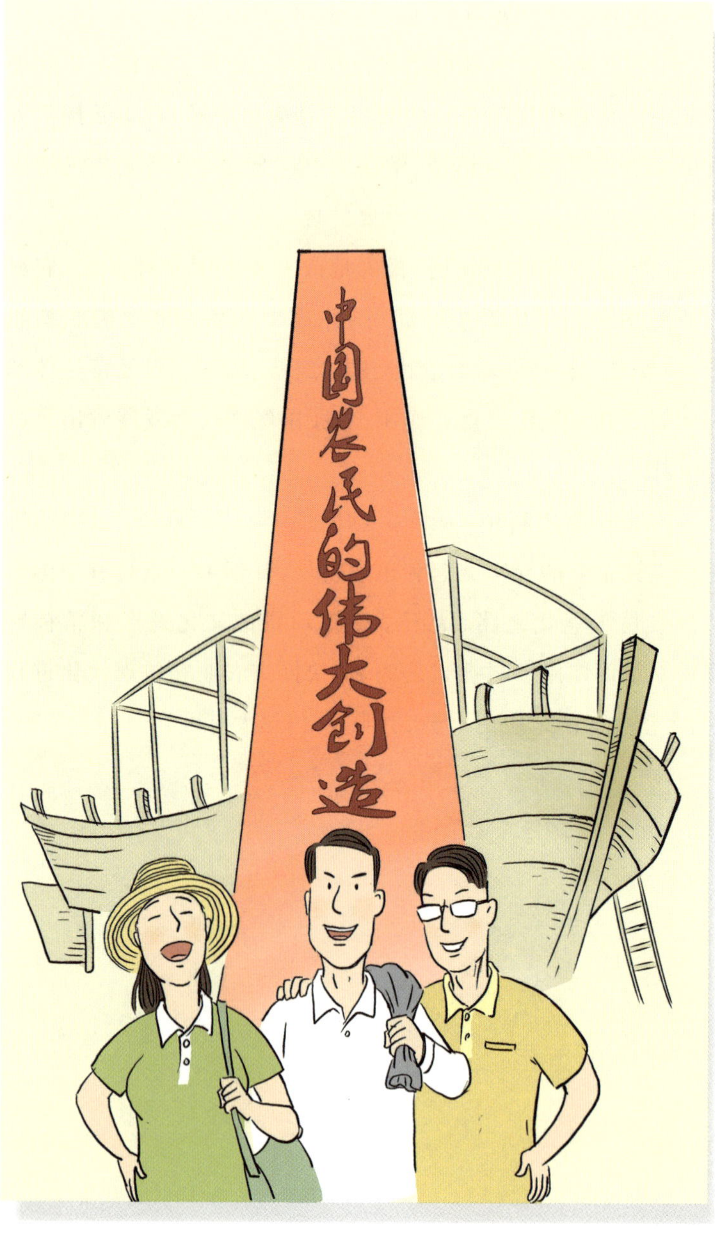
中国农民的伟大创造

第五篇

"村民自治"从这里起步

率先：中国村民自治第一村

所谓"村民自治"，简言之就是广大农民群众直接行使民主权利，依法办理自己的事情，创造自己的幸福生活，实行自我管理、自我教育、自我服务的一项基层民主政治制度。村民自治的核心内容，就是"四个民主"，即民主选举、民主决策、民主管理和民主监督，把村干部的选任权、重大村务的决定权、日常村务的参与权、村干部的评议权和对村务的知情权交给村民。在全国率先实行村民自治的是广西河池市宜州区屏南乡合寨村。1980年2月，广西宜山县（今宜州区）屏南乡合寨村村民自发成立了村民委员会，在全国率先实行村民自治。所以，这个村也被称为"中国村民自治第一村"。

缘起：农村经营制度的改革呼唤乡村治理的变革

合寨村地处广西河池、柳州、来宾三地市交界。1979年，实行家庭联产承包责任制以后，分田到户，原有生产大队的凝聚力和约束力逐渐减弱。村民忙于生产，合寨村一度陷入管理真空，乱象丛生，偷盗财物、乱砍滥伐、赌博闹事等现象层出不穷。村民们概括为"六多一少"——赌博闹事多、偷牛盗马多、乱砍滥伐林木多、唱流氓山歌多、放浪荡牛马多（做事不认真的多）、搞封建迷信活动多、管事的人少，可以形象地说是"吃得饱，睡不安"，农民生活难得安宁。面对这种情况，合寨大队管理委员会对治理乏力的现象，也显得有些束手无策。新的形势和问题，呼唤新的乡村治理组织和治理形式。

改革：第一个村民委员会正式诞生

果作屯是合寨大队的一个自然村。这个村有个叫韦焕能的共产党员，是果作屯的生产队长，在村里有一定的威望。看到改革后的乱象，他很着急，主动把其他5个生产队的干部召集到自己家里商量。他说："乡村治理，第一步要治乱。为了治理乱象，需要建立新的乡村社会管理组织，还要有威信高、能管事的人来管理。"他还提出："只有建立新的管理组织和产生新的领导班子，才能把村里的事情管理好。"但这个组织怎么产生、怎么发挥效力，却令人犯难。过去的生产队长由上级任命，新的组织领导谁来任命？几次开会讨论后，大家决定由群众进行不记名投票选举，起到群众选举、群众认可的作用。

1980年2月5日，韦焕能和当时的几个生产队长，在村里的大樟树下召集合寨村民开大会。全村100多家农户，有85户派出了代表，以不记名投票的方式，从6个生产小队队长中选出5人，产生了自治组织。

韦焕能说："我们采用差额选举，6个生产队有6个候选人。选举时，每个代表发了一张纸片，再用一个竹子做的米筒当投票箱。"

新的干部选举出来以后，村民们又提出了新问题："队长啊，选出来的机构叫什么？"韦焕能与干部们合计："城市里有居委会，我们是农村，应该叫村民委员会，意思就是由村民投票选出,为村民服务。"全票当选的韦焕能,将这个新组织命名为"村民委员会",他本人则成为村民委员会主任。5个人组成领导班子,主任一正两副,另加一个会计和一个出纳。由此,第一个村民委员会正式诞生。

1980年7月14日,合寨村村委会再次在大樟树下召开群众大会,表决通过了《村规民约》。《村规民约》有9条,《护林公约》有6条,一共15条。村干部逐条逐句地念给村民代表听,包括"严禁赌博""不准在路边、田边、井边挖鸭虫""不准盗窃等"。另外规定,"不准在私宅、村里开设赌场,违者罚款10元""严禁毁林开荒,违者每平方尺罚款5角""不准在育林区放牛羊群,每头罚款1元"等等。村民代表听后同意,便按下红拇指印或盖上印章,表示通过。

建立村委会和制定村规民约很快见到实效,赌博、偷盗、乱伐林木等歪风很快止住了。村里的风气明显好转,村民对村屯公共事务也有了更强的责任感。合寨村成立村民委员会的同时,还成立理财小组,此后演变成村务监督委员会,每季度对村民委员会财务收支情况张榜向村民公布,接受村民监督,这一制度延续至今。

推广:村民自治上升为国家层面管理制度

合寨村的巨大变化,引起了当地党委政府的关注。1982年,宜山县全县2288个自然村中有598个建立了村委会。小村落的大变化,引起了中央的高度重视,1981年6月,自治区党委政策研究室主办的《调研通讯》刊登了一则调查报告,引起当时正在主持修订《中华人民共和国宪法》的彭真的高度重视。1981年底和1982年春,彭真指示全国人大常委会法制委员会和民政部先后到宜山县,就村民委员会问题进行调研。

1982年4月,《中华人民共和国宪法修改草案》公布,明确地把我国农村基层群众性自治组织确定为村民委员会。其中第111条明确规定,"村民委员会是基层群众性自治组织""主任、副主任和委员由居民选举"。从1983年起,全国逐步撤销生产大队,建立村民委员会的工作在全国范围内普遍开展。

第五篇 "村民自治"从这里起步

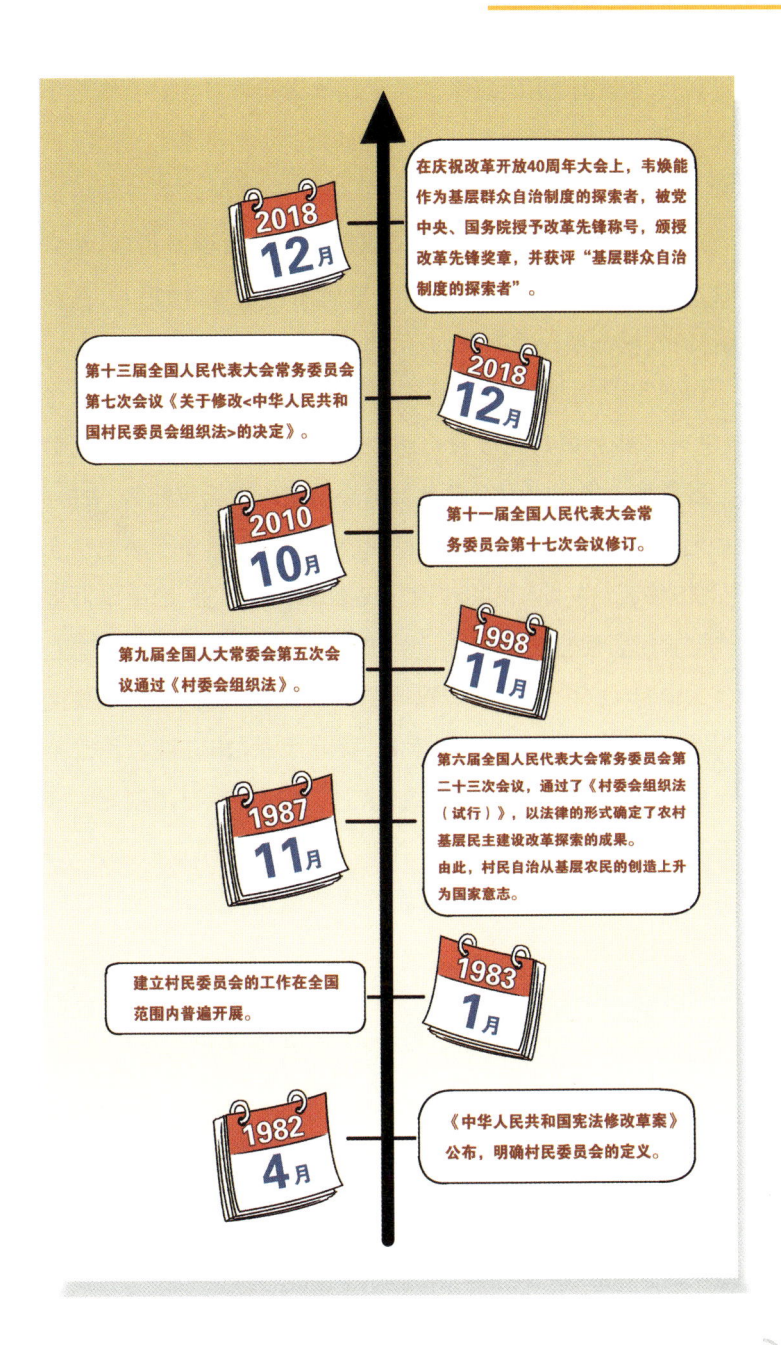

- **2018年12月**：在庆祝改革开放40周年大会上，韦焕能作为基层群众自治制度的探索者，被党中央、国务院授予改革先锋称号，颁授改革先锋奖章，并获评"基层群众自治制度的探索者"。

- **2018年12月**：第十三届全国人民代表大会常务委员会第七次会议《关于修改<中华人民共和国村民委员会组织法>的决定》。

- **2010年10月**：第十一届全国人民代表大会常务委员会第十七次会议修订。

- **1998年11月**：第九届全国人大常委会第五次会议通过《村委会组织法》。

- **1987年11月**：第六届全国人民代表大会常务委员会第二十三次会议，通过了《村委会组织法（试行）》，以法律的形式确定了农村基层民主建设改革探索的成果。由此，村民自治从基层农民的创造上升为国家意志。

- **1983年1月**：建立村民委员会的工作在全国范围内普遍开展。

- **1982年4月**：《中华人民共和国宪法修改草案》公布，明确村民委员会的定义。

1987年11月,第六届全国人民代表大会常务委员会第二十三次会议,通过了《中华人民共和国村民委员会组织法(试行)》,以法律的形式确定了农村基层民主建设改革探索的成果。由此,村民自治从基层农民的创造上升为国家意志,从农民自发性的探索经验转化为国家层面制度设计,确定了"乡政村治"的农村基层民主架构,并沿用至今。

1998年11月4日,第九届全国人大常委会第五次会议通过《中华人民共和国村民委员会组织法》。2010年10月28日,第十一届全国人民代表大会常务委员会第十七次会议修订。2018年12月29日,第十三届全国人民代表大会常务委员会第七次会议《关于修改〈中华人民共和国村民委员会组织法〉的决定》,进一步完善了村民自治制度。

2018年12月18日,在庆祝改革开放40周年大会上,韦焕能作为基层群众自治制度的探索者,被党中央、国务院授予改革先锋称号,颁授改革先锋奖章,并获评"基层群众自治制度的探索者"。曾有记者问韦焕能:"当年带头搞起村民自治,就不怕做不好,就没想过失败?"韦焕能沉吟片刻说:"也怕,但作为共产党员,要带头解决问题。"

到现在,合寨村村委会先后历经多次换届,始终保持着高透明度及公正性,着力杜绝村干部贿选、决策专断、贪污挪用等问题。今后,合寨村将继续把"中国第一个村民委员会"这块金字招牌擦亮,持续深化村民自治实践,全面推进乡村振兴。

第五篇 "村民自治"从这里起步

乐园村卫生室

红旗渠

美丽乡村

积分制治理
2016年1月12日官场村

经济改革

坚持农村土地集体所有权
稳定农户承包权
放活土地经营权
流转

第六篇

中国扶贫第一村

2015年1月29日，习近平总书记在《民族工作简报》上，对福建省宁德市赤溪村的脱贫攻坚成效作了这样的批示："30年来，在党的扶贫政策支持下，宁德赤溪畲族村干部群众艰苦奋斗、顽强拼搏、滴水穿石、久久为功，把一个远近闻名的'贫困村'建成了'小康村'。"

2016年2月19日，习近平总书记在北京通过视频连线，同赤溪村干群代表面对面对话时，抬手指了展示厅正前方墙上一行字说道："'中国扶贫第一村'这个评价是很高的，这里面也确实凝聚着我们宁德的人民群众、赤溪村的心血和汗水。我在宁德讲过，滴水穿石，久久为功，弱鸟先飞，你们做到了。你们的实践也印证了我们现在的方针，就是扶贫工作要因地制宜，精准发力。"

"输血"救济,成效甚微

1984年6月24日,《人民日报》在一版显著位置刊登了"穷山村希望实行特殊政策治穷致富"的读者来信。信中披露了福建省宁德地区福鼎县磻溪镇赤溪村的贫困状况。这里的村民食不果腹、衣难遮体、房子四处漏风,生存状况恶劣,人口越来越少。同时,该报还配发了一篇题为《关怀贫困地区》的评论员文章。这篇报道引起了中央的高度重视,也点燃了中国扶贫的星星之火。当年9月,中共中央、国务院发出《关于帮助贫困地区尽快改变面貌的通知》,拉开了全国性的脱贫攻坚序幕。

下山溪村是赤溪村下的一个自然村。所在的位置,就像"挂"在半山腰。背后是悬崖峭壁,面前是百丈深渊,没有一分稻田,仅有的几亩农地,全是"斗笠丘""眉毛丘"。种植的番薯不够当口粮,村民常以野菜充饥。种植的杉苗和果苗,由于土地贫瘠,土层极浅,长不高,长不好,甚至连养山羊、喂长毛兔也无适宜的嫩草可吃,商品经济根本无法发展。有首民谣这样形容下山溪村的困境:"昔日特困下山溪,山高路险鸟迹稀;早出挑柴换油盐,晚归家门日落西。"

《人民日报》的文章发表以后,全国各地纷纷给下山溪村寄来粮票、油票、布票和现金。福鼎县也免除了下山溪村征粮任务,并为22户村民每户送上3只羔羊和一些柳杉树苗。但因为饲草和土质原因,羔羊不到一年损亡殆尽,柳杉苗种下去生不了根,"输血"式扶贫成效甚微。到20世纪80年代末,下山溪村人均年收入仍不足200元,整个赤溪村的贫困率也都在90%以上。

这种"输血"式扶贫,虽然给下山溪村的村民们带来了一时的兴奋与快乐,但却犹如干灼的沙漠在等待着一场雨水,虽可感受到一阵凉爽,但很快蒸发得无影无踪。许多人还是春天无事可做,冬天晒着太阳,眼睁睁企盼着救济。

十年"输血",涛声依旧。村民人均纯收入从1984年的120元,仅增加到1994年的146元,贫困状况仍无改变。尤其是交通不便,信息闭塞,适龄的绝大多数小孩无法上学、没有文化、知识贫乏,形成了代际贫困链。

"换血"搬迁,挪窝拔根

1988年6月,习近平同志从厦门市常务副市长的岗位调任宁德地委书记。他上任之后,花了一个多月时间,深入全地区9个县调查研究,还到毗邻的浙江温州、苍南等地考察。他强调:"地方贫困,观念不能'贫困'。'安贫乐道','穷自在','等、靠、要',怨天尤人,等等,这些观念全应在扫荡之列。"他提出:"弱鸟可望先飞,至贫可能先富,但能否实现'先飞'、'先富',首先要看我们头脑里有无这种意识。"

在习近平同志倡导"弱鸟先飞"的扶贫理念指引下,赤溪村党支部、村委会开展了群众性的扶贫先扶志活动,坚决摒弃那些"安贫乐道""穷自在""等、靠、要"的懒惰思想,树立了敢于向天斗争其乐无穷,向地斗争其乐无穷,向贫困斗争务胜必赢的大无畏革命气概。

为解决一方水土养不了一方人的问题,1995年新春,下山溪村决定实施整村搬迁。政府和社会各界共筹措了25万元,为下山溪村22户88位村民在如今赤溪村中心村所在地建起了两层砖木结构房子,从此告别了背箩筐爬山路的历史。

看到下山溪村挪了"穷窝"、拔了"穷根",赤溪村的半山、小溪、丘宅、东坪里4个纯畲族自然村和排头、溪东、旗杆里、赤溪平等畲汉混居的自然村,也陆陆续续搬迁出山、下山或移居到中心村,使新的赤溪村逐渐形成了一条长达800多米的"长安新街"。全村总共1800多人,中心村就聚居了1580人。滴水成河,积沙成塔。人气旺、商铺兴。接下来的20年间,赤溪村的所有自然村也都陆续搬至长安新街两侧。

搬迁之后,住房改善了,出行方便了,但村民们还得回到10多公里外的峡谷,去耕作贫瘠的山坡地。农闲季节,大家只能赋闲在家,大部分人依然啃着番薯。此后,全村1700多人,就有800多人外出打工,贫困发生率仍高达40%。

"造血"授渔,内生动力

党的十八大以来,党中央突出强调,"小康不小康,关键看老乡",承诺"决不能落下一个贫困地区、一个贫困群众",拉开了新时代脱贫攻坚序幕。赤溪村也迎来了"造血"式扶贫新机遇,先后被列为省级开发扶贫重点村、全国旅游扶贫试点村、全国少数民族特色村寨试点村等,获得一系列扶贫政策支持。

扶贫贵在精准,赤溪村积极探索抓党建促脱贫攻坚实现路径。在村党组织带领下,利用紧邻太姥山景区的区位优势和山地资源,加大旅游开发力度,发展特色产业,打出了一系列"组合拳":流转土地1070亩,以"企业+农户+基地"合作模式,建起有机茶、名优果蔬、珍稀苗木等现代农业基地;组建赤溪旅投公司,建设旅游集散中心、下山溪溪谷度假区等旅游项目;修通了一条连接高速公路的通村路,目前通村公路总里程58.6公里,赤溪村出行步入"高速时代"。

新赤溪村的沿街,建起了两排混凝土楼房,呈现出崭新的村容村貌,而且开设了数十家客栈、商店、小超市、白茶店、品茗室、香鱼坊、小酒楼、农家乐。村民们各显神通,有的经商成了老板,有的加入合作社成了股民,有的开发当地土特产成了企业家。村里还设有银行卡服务点、火车票代售点、卫生院、警务室、法庭代办点等便民设施。一个小康村的雏形展现在人们面前。

赤溪村十分重视有文化知识的年轻人,尊重和鼓励他们的创业精神,并通过金融扶贫等渠道帮助他们解决创业基金。全村依托政策支持回乡创业及就业的大中专毕业生有40多人。他们带着泥土味去城市读书学知识、学本事,回来后则把知识的种子撒在希望的田野上,让村民们有了看得见、摸得着的实惠。他们勇于同旧传统观念决裂,敢于打破旧的产业模式,探索新时代的"电商扶贫",让村民们有了实实在在的获得感。

在肯定和赞许年轻人引领创业精神的同时,镇、村还委托赤溪小学兼办"农民文化技术学校",开设有科技培训班、电子商务室,特邀有关方面专家或职能部门负责人到校,开展旅游礼仪、餐饮服务、茶叶种植、淡水养殖、果树栽培等项目授课和指导,不断提升村民整体的"造血"能力。

30多年来,赤溪村不断转变思维、创新方式方法,以"造血式"长效扶贫机制改变了贫弱的命运。走出了一条"旅游富村、农业强村、文化立村、生态美村"的脱贫路,成为全国闻名的小康示范村。不仅有了通村公路,实现了旅游线路对接互流,而且建设了磻溪卫生院赤溪分院,积极开展医疗救治、家庭医生签约服务、贫困人口大病兜底保障、基本公共卫生服务等健康扶贫工作,满足村民就医需求。

赤溪村成为"中国扶贫第一村"的脱贫成果显示,人均纯收入比30年前增长了80倍。2015年12月7日,时任国务院副总理的汪洋同志专程到赤溪村考察,并于当天在宁德召开的东部地区扶贫工作座谈会上提出,宁德是习近平总书记早期开展扶贫实践的地方,在这里,习近平总书记系统提出了"以改革创新引领扶贫方向、以开放意识推动扶贫工作"原则,以及"弱鸟先飞"意识、"滴水穿石"精神和"四下基层"作风等一系列重要思想。"宁德模式"成为习近平总书记扶贫开发战略思想的成功实践,也成为中国特色扶贫开发道路的一个典范。

如今,这个名副其实的"中国扶贫第一村",正努力走出一条具有闽东特色的乡村振兴之路,朝着美好的未来前进!

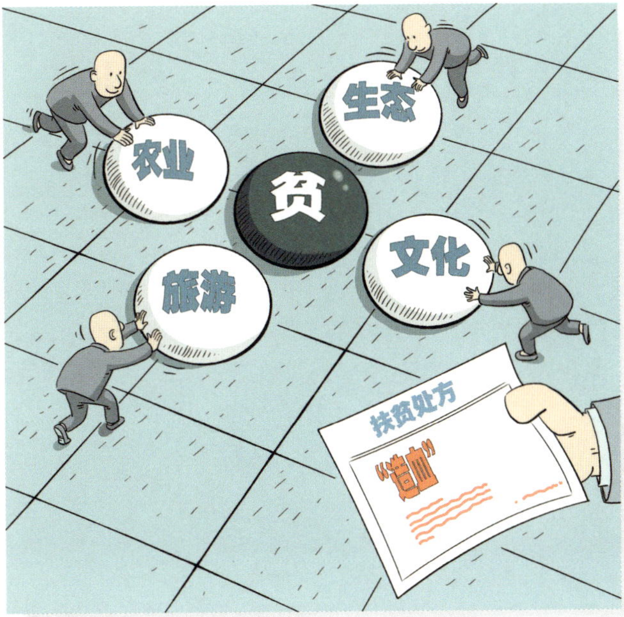
生态
农业
贫
文化
旅游
扶贫处方
“造血”

乐园村卫生室

红旗渠

美丽乡村

积分制治理
2016年1月12日官场村

经济改革

坚持农村土地集体所有权
稳定农户承包权
放活土地经营权
流转

第七篇

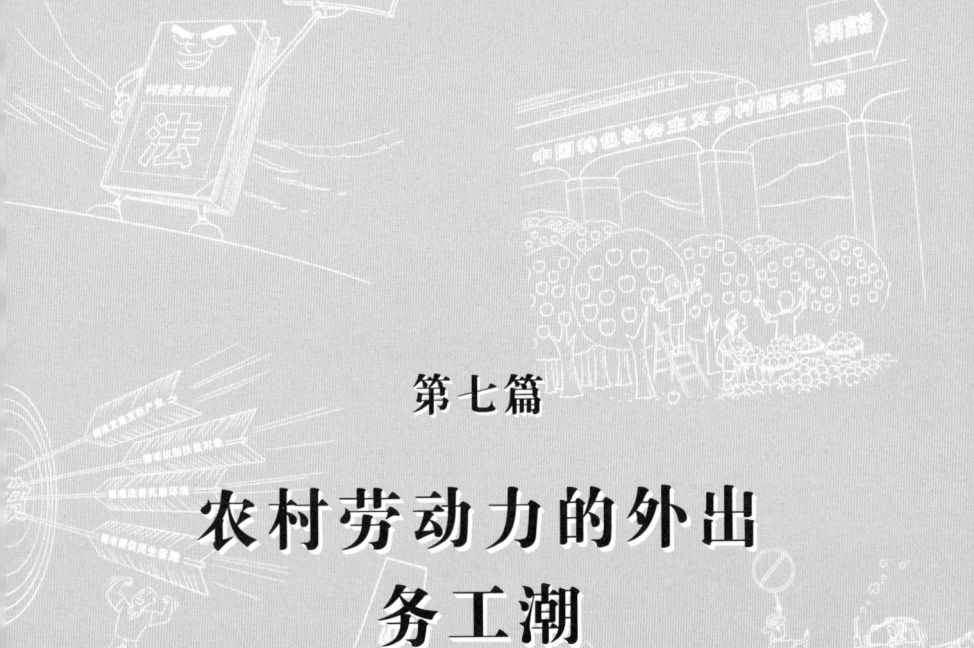

农村劳动力的外出务工潮

外出务工大潮的兴起

党的十一届三中全会以后,农村进行了经济改革,促进了农村劳动力向非农产业的转移进程。从此,我国农村劳动力就业跳出了固有的传统模式,逐渐成为非农产业中引人注目的主力军。

一方面,全国农村实行家庭联产承包经营责任制以后,打破了农村人民公社集体劳动管理体制,提高了劳动生产率。农户在获得土地经营自主权的同时,也获得了在农业劳动之外寻找就业和收入的权利。

另一方面,粮食等主要农产品产量大幅度提高,长期短缺变为供求平衡、丰年有余,再加上改变了粮油统购统销的制度,基本上能够满足进城就业农民食品供给的需要。这也为农村劳动力流动提供了最基本的物质生活条件保障。改革开放打破了城乡壁垒,并创造扩大了更多就业机会。尤其是20世纪80年代末和90年代初,我国农民的流动量急剧增加。随着经济体制的改革,商品经济的观念也在农民心中树立起来。他们不再局限于自然经济的范围内,突破了自然经济的"小而全""大而全""小富即安"的思想束缚。

在1984年中国社会科学院《社会学通讯》中,第一次出现了"农民工"一词,随后这个词被广泛使用。1989年春节期间的铁路客运出现了空前的拥挤状况,当时的媒体开始使用"民工潮"

一词来形容农民工大规模流动的现象。此后,"农民工"这个词便被广泛使用,并沿袭至今。1992年邓小平南方谈话之后,社会主义市场经济体制的改革目标逐步确立,沿海地区经济发展进一步提速,外出务工潮更是呈波澜壮阔之势。

农村劳动力的跨省流动是一个巨大的历史进步,这种劳动力的调节和转移,既在一定程度上促进欠发达地区农村的脱贫致富步伐,也极大地加快了发达地区的城市和经济建设。当然,他们给城镇带去活力的同时,也加大了治理的难度,给交通、治安和社会管理带来一系列有待解决的课题。

从"控制盲流"到有序引导

改革开放以前,在计划经济体制和户籍政策的双重限制之下,农民进城和跨区域流动务工并不容易。如果不是投亲访友,没有一纸介绍信,上不了火车、住不了店、进不了厂。那时有一种说法叫"控制盲流"。

在粮食供给压力较大的背景下,1981年12月,国务院曾发出一份《关于严格控制农村劳动力进城做工和农业人口转为非农业人口的通知》。通知要求,严格控制从农村招工,认真清理企业、事业单位使用的农村劳动力,加强户口和粮食管理。

1984年的中央一号文件提出,允许务工、经商、办服务业的农民自带口粮到集镇落户,限制农村劳动力流动的政策开始松动。随着家庭联产承包责任制的全面推开,农产品产量大幅增长,农村劳动力从农业束缚中解放出来,政策允许农村劳动力地区交流、城乡交流和贫困地区劳务输出,外出流动务工的渠道空间逐渐扩大。

但是随着国家经济形势的起落变化,对农民工流动的政策也出现了收和放的反复。1988年下半年起,国家实施了为期三年的治理整顿,乡镇企业发展受到较大冲击,城市就业空间收缩,出现了大量农民工由城市向农村的逆向流动。如广东省出台了"六不准"政策,包括不准招收外省民工、不准携带新民工入粤就业、不准开展相关中介活动、不准张贴刊登聘用外省劳动力广告信息等规定。各地也出台了类似的规定,这种应对举措是特定历史时期的产物。1990年的春节联欢晚会上,由宋丹丹与黄宏主演的小品《超生游击队》,主角也是"盲流大军"的一员,成为那个时代的深刻印记。

如果说"盲流"这样的称呼具有歧视色彩和历史遗痕,那么针对农民工的就业限制、不合理收费、歧视性规定等,在很长一段时间依然存在。但总的方向是向规范发展。1993年11月,中央发出了《关于建立社会主义市场经济体制若干问题的决定》,

要求鼓励和引导农村剩余劳动力,逐步向非农产业转移和地区间的有序流动。1994年11月17日,劳动部颁布了《农村劳动力跨省流动就业管理暂行规定》,首次规范流动就业证卡管理制度。从此,劳动力流动进入规范流动、有序引导的阶段。

2003年,时任总理的温家宝为普通农妇熊德明讨薪,引发全国"讨薪风暴"。有关农民就业的法律法规、政策趋于完善,相关公共服务和法律保障水平不断提高。中共中央、国务院先后下发《关于做好农民进城务工就业管理和服务工作的通知》和《关于进一步做好改善农民进城就业环境工作的通知》等文件,各地区、各有关部门做了大量工作,改善农民工就业环境、保障合法权益。

2004年的中央一号文件,首次将农民工表述为"产业工人的重要组成部分",由此开展了维护农民工就业权益和改善就业环境的专项工作。2006年,国务院发布《关于解决农民工问题的若干意见》,系统提出关于农民工工资、公共服务、权益保障机制等方面的政策服务措施。

2009年12月,美国《时代》周刊将中国农民工这个群体形象作为封面人物,肯定了农民工为中国经济发展以及率先走出全球金融风暴所起的巨大作用。2010年1月,中央一号文件首次使用了"新生代农民工"的提法,要求采取有针对性的措施,着力解决新生代农民工问题。此后,农民的就业保障和公共服务得到了全面提升。

哪些省份劳务输出最多

农民工来源最多的地方，主要有三个省份：

第一个是四川省，2020年农民工转移就业2573.4万人，其中外出农民工1114.6万人。主要的务工地区在北京、山东、苏南。

第二个是安徽省，2020年农民工总量1967.4万人，其中外出农民工1342.1万人。主要的务工地区在上海、苏南、浙江。

第三个是湖南省，2020年农民工总量1724.1万人，其中外出农民工1181.4万人。主要的务工地区在广东、浙江。

1981年，四川省3800万农村劳动力中，就有1500多万剩余劳动力需要转移就业、寻找出路。1984年，四川仁寿县开始出现成规模劳务输出。1985年，四川省委提出，允许农民进城办厂开店，从事第三产业，为发展劳务输出打开了出口。

在历史的大潮中，没人能说出第一个走出家门的农民工是谁。马宗平，是媒体报道的改革开放后四川巴中最早外出打工的农民工之一。1983年，13岁的马宗平和哥哥一道，揣着仅有的10元钱外出打工，逃票坐了三天三夜火车到了千里之外。外出打工的艰辛日子，从迈出家门就开始了。"包包没钱，又怕查票，只能藏在座椅下，每天只吃一顿饭。"马宗平至今记忆犹新。"60后"和"70后"的第一代农民工外出，主要依托亲缘、地缘关系，以自发结伙方式外出。他们文化程度普遍不高，往往从事最苦、脏、险、累的体力活儿。马宗平就是这样，为挣钱糊口，不管多脏多辛苦的活他都干，在西安挖过煤，跑到新疆挖石头，还去西藏当过瓦工。

1986年，四川省成都市金堂县竹篙镇成立劳务输出办公室。1987年，四川省成都市金堂县竹篙镇与广东省东莞市厚街镇劳动服务站签订了劳务输出协议，同意接收50名来自竹篙镇的女工。这是金堂县历史上第一次由政府组织向广东进行劳务输出，也是四川乃至全国较早的成建制有序输出。当时，竹篙镇200多名女孩报名闯广东，最终只有50人被选中。17岁的王红琼是其中的一个，接到录用通知时，王红琼感觉"光荣得就像去参军一样"。妈妈以当地嫁女儿的仪式，给她弹了一床新棉絮，爸爸把家里仅有的70元钱塞到她手里。此后，劳务开发成为农民就业增收的重要渠道。1992年，四川省成立劳务开发领导小组和劳务开发办公室，掀起了农民工外出闯荡的热潮，出现了川籍民工遍天下的局面。

劳务输出省份排名

湖南　四川　安徽

　　农民工经过外出务工经历的积累,将先进经验、技术、人才和资本等引入家乡返乡创业。他们以最具能动性的创业者返乡为起点,带动技术、资本等资源要素向乡村汇聚,引入新理念、新技术、新渠道、新产业,创造了农业农村发展的新机遇与发展活力。

　　如今,马宗平已经成为四川省巴中市首批返乡创业者,经历了创业的起落后,成为创业致富带头人。王红琼也返乡创业,成为当地知名的农民企业家和优秀农民工代表,走出了一条由大胆闯出去到返乡创业回馈家乡的发展路径。

农民工的历史性贡献

改革开放40多年来,农民工撑起了中国的城市化进程,参与创造了"中国制造"的奇迹。中国每一座现代化城市,都是一座农民工博物馆,每一个中国奇迹、中国速度,都有农民工的付出。新生代农民工正成长为现代产业工人和乡村振兴的生力军。农民工为城市繁荣、农村发展和现代化建设做出了巨大贡献。

乐园村卫生室

红旗渠

美丽乡村

积分制治理
2016年1月12日官杨村

经济改革

坚持农村土地集体所有权
稳定农户承包权
放活土地经营权
流转

第八篇
"希望工程"结硕果

什么是"希望工程"

2019年11月29日,《人民日报》发表了一篇评论员文章:《用希望之光点亮未来》。文中说:今年是希望工程实施30周年。习近平总书记寄语希望工程时指出,在党的领导下,希望工程实施30年来,聚焦助学育人目标,植根尊师重教传统,创新社会动员机制,架起了爱心互助和传递的桥梁,帮助数以百万计的贫困家庭青少年圆了上学梦,成长为奋斗在祖国建设各条战线上的栋梁之材。希望工程在助力脱贫攻坚、促进教育发展、服务青少年成长、引领社会风尚等方面发挥了重要作用。

希望工程是由团中央、中国青少年发展基金会于1989年发起的以救助贫困地区失学少年儿童为目的的一项公益事业。其宗旨是建设希望小学,资助贫困地区失学儿童重返校园,改善农村办学条件。这种援建改变了一大批失学儿童的命运,改善了贫困地区的办学条件,唤起了全社会的重教意识,促进了基础教育的发展,弘扬了扶贫济困、助人为乐的优良传统,推动了社会主义精神文明建设。

30余年来,希望工程以改善贫困地区基础教育设施、救助贫困地区失学少年重返校园为使命,对接社会需求,不断创新发展,成长为社会公益领域的著名品牌,成为一个时代的记忆。接受资助的孩子源源不断地通过自身努力改变了命运,进而反哺社会,用爱心传递希望之光,这无疑是一幅令人倍感温暖的时代画卷。

公益慈善事业的发展水平,是一个国家文明进步的重要标志。30余年来,希望工程积极探索"坚持党的领导,关注社会需求,符合中国国情,发挥团组织优势,动员青年积极参与,集中力量办大事"的公益事业模式,对我国公益组织的孕育、公益文化的传播产生了重要影响。

"希望工程"的由来

1988年,我国颁布了《基金会管理办法》,这是我国第一部关于基金会的立法。该管理办法第一次通过立法的形式明确了基金会的法律性质和法律地位。

这一年,共青团十二大通过了体制改革的决议,会议后成立了共青团中央事业开发委员会,委员会的工作内容之一就是筹办中国青少年发展基金会(以下简称青基会)。

青基会成立后,做什么类型的公益项目成为首要解决的问题,资助贫困农村孩子上学的"希望工程"破土而出。其实,"希望工程"的诞生是一个必然。20世纪80年代末,我国每年有100多万小学生因家庭贫困交不起四五十元的学杂费而失学。

1986年,团中央派人在广西柳州地区进行了两个月的调查。经调查发现,金秀瑶族自治县共和村,全村2000多人,在新中国成立后没有出过一名初中生,辍学率达90%以上。

1989年10月30日,青基会召开"救助贫困地区失学少年"新闻发布会。理事长刘延东在会上宣布,建立我国第一个"救助贫困地区失学少年基金",长期实施"希望工程"。副理事长张宝顺、李克强、刘奇葆及国家教委有关方面负责人出席了新闻发布会。会后,人民日报、中央电视台等首都10余家报纸、电台、电视台做了报道。

根据政府关于多渠道筹集教育经费的方针,以民间的方式广泛动员海内外财力资源,建立希望工程基金,资助贫困地区的失学儿童继续完成学业、改善贫困地区的办学条件,以促进贫困地区基础教育事业的发展。

上至国家领导人,下至普通市民,从花甲之年的老人,到幼儿园的孩子,都是希望工程的捐赠者。到1994年,青基会和省级青基会接收的捐款总额达到了3.85亿元,救助总规模达到了101.5万名,建设希望小学的总数量达到了749所。这些数字,是青基会原计划的十几倍。

全国第一所希望小学

1990年3月,李克强作为中国青少年发展基金会副理事长,率中国青少年发展基金会考察组,踏着春风未融的冰雪来到安徽省金寨县这个当年刘邓大军战斗过的地方,为全国第一所"希望小学"选址。老区的现状,震撼着李克强等考察组同志的心灵,也更坚定了他们实施"希望工程"的决心。李克强说,"希望工程"不是锦上添花,而是雪中送炭,要用这炭火燃起老区孩子的希望。

两个月后,全国第一所"希望小学"在安徽金寨诞生。金寨县希望小学由青基会捐款4万元,省、县、镇配套资金援建而成。当时的团中央书记处书记洛桑亲临现场剪彩,曾在这里战斗过的徐向前元帅亲笔为"金寨县希望小学"题写校名。学校坐落在大别山腹地——曾走出14位共和国将军的安徽省金寨县南溪镇。

此后,该校共收到上级支持经费和社会各界捐款捐物价值约500万元,其中还有希望工程的"骆驼"周火生老师的努力。金寨希望小学现已发展成为一所现代化综合学校,占地面积14200平方米,21个教学班,40多名教师,1300多名学生。学校融幼儿教育、小学教育为一体,有一幢五层建筑面积2500平方米的"爱心楼",678平方米的"昆山曼氏希望幼儿园"。

2014年10月28日,国务院总理李克强给金寨县希望小学师生回信。信中写道:"希望工程向世人传递出一种积极意义:知识可以改变命运","这么多年,你们锲而不舍践行一个朴素理想:让每个孩子不再因为贫穷而失去课堂。这也是政府的职责所系,我们的努力殊途同归","让我们共同持续不断努力,为天下所有贫困孩子的幸福人生创造美好的希望!祝老师们坚守希望事业!祝同学们在希望中健康成长!"

让人难忘的"大眼睛"照片

有一张照片,很多中国人都看到过。照片上这双闪闪发光、饱含企盼的大眼睛,让许多人无法忘怀。

黑白色调的照片里,小姑娘衣着破旧,头发蓬乱,小手握着铅笔坐在桌前,表情怯生生的,一双清亮纯真的大眼睛似乎在凝视着你,流露出强烈的、渴望的光芒,她代表着无数贫困地区的孩子在发出心底的呼喊:"我要上学!"

1991年,这张名为《我要上学》的照片一经问世,便牵动了万千国人的心,观者无不为之震撼,甚至潸然泪下。自那时开始,希望工程受到了全社会的广泛关注、资助。无数失学儿童得以重返校园,圆了求学梦。而照片中的主人公——当年才8岁的苏明娟,在照片拍完后,意外地成了"名人",成了希望工程最有影响力的"代言人",她的人生也因此而被改写。

苏明娟,1983年出生在安徽省金寨县桃岭乡张湾村一个普通的农家。父母靠打鱼、养蚕、养猪和种田、种板栗为生,一家人过着辛劳拮据的乡村生活。"大眼睛"照片拍摄的时候,苏明娟还在安徽金寨的张湾小学读一年级,每学期六七十元的学杂费成了家里最大的负担。

山区教学条件很差,孩子们求学十分艰苦。苏明娟清晰地回忆起她当年就读的张湾小学:教室低矮破旧,冬天窗户没有钱装玻璃,蒙上塑料布又怕光线不好,所以只好任寒风呼啸着灌进教室。他们经常冻得缩成一团,却仍然坚持读书。

1991年5月的一天,读小学一年级的苏明娟正在专心听课,她那双渴求知识的大眼睛,闯进了正在学校采访的记者解海龙的视线,"那眼神有着很强的穿透性,能够进入人们的心灵里"。于是,当握着铅笔的苏明娟再次抬头凝视黑板时,解海龙迅速摁下了快门。

这幅题为《我要上学》的照片发表后,打动了无数观者的心。这张照片成了中国希望工程的宣传标志,被国内各大媒体争相转载,苏明娟也随之成为希望工程的形象代表。许多人纷纷为濒临失学的农村贫困儿童倾囊相助。

改革与升华

1999年初,青基会决定:不再直接接收对救助失学儿童的捐款。希望工程由救助失学儿童转向对优秀受助生的跟踪培养;希望小学由硬件建设转向软件建设。

像任何事物一样,希望工程必然有开始,有高潮,有生命周期的发展变化。希望工程战略重心的转移,不仅表明希望工程救助因贫困失学的儿童的初始目标已经基本完成,开始进入一个新的开发阶段;同时也表明青基会主导项目地位的改变。这种变化符合青基会、希望工程和全社会的利益。

从1988年到2008年初,希望工程募集资金逾35亿元人民币,其中资助贫困学生290多万名,援建希望小学13000多所,捐赠希望书库、希望图书室13000多个,培训乡村教师逾35000名。筹集公益善款额度之高,救助贫困学生、援建学校之多,不仅是中国公益史,也是世界公益史的奇迹。

2005年,我国政府开始在农村地区全面实施"两免一补",并逐步向城市拓展,希望工程最初要让农村穷孩子读得起书的愿望完全实现。某种程度上说,希望工程的使命已经完成。

2007年5月20日,青基会对外宣布希望工程全面升级,将对学生的"救助"模式拓展为"救助—发展"模式。根据受助对象的需求,学生资助方面在动员社会力量继续为家庭经济困难学生提供助学金、让莘莘学子圆上学梦的同时,更加关注贫困学生的自我发展能力的提高,通过物质、精神多方面的持续扶持,帮助受助学生学会自助助人。

在原有助学金等经济资助项目的基础上,希望工程面向所有受助学生设计开发了勤工俭学、社会实践等能力资助项目;同时增加了优秀大学毕业生到希望小学担任希望教师的志愿服务项目,为大学生及社会爱心人士参与公益活动提供了新的平台。

截至2020年,全国希望工程累计捐赠款175.8亿元,资助困难学生639.7万名,援建希望小学20593所,希望厨房6598个,援建快乐系列项目45771个。同时,还根据贫困地区实际推出了"圆梦行动"、乡村教师培训等项目,有效推动了贫困地区教育事业发展,服务了贫困家庭青少年成长发展,弘扬了社会文明新风,希望工程成为我国社会参与最广泛、最富影响力的公益事业之一。

2019年11月20日,习近平总书记寄语希望工程强调,让青少年健康成长,是国家和民族的未来所系。进入新时代,共青团要把希望工程这项事业办得更好,努力为青少年提供新助力、播种新希望。全党全社会要继续关注和支持希望工程,让广大青少年都能充分感受到党的关怀和社会主义大家庭的温暖,努力成长为社会主义建设者和接班人。

进入新时代,希望工程要保持自身发展优势,开辟动员社会力量广泛参与的新路径,发掘加大公益慈善服务供给的新方法,在不断满足人民群众对美好生活的新期待上有新贡献;同时,要在道德引领、价值观培育上释放更大能量,继续倡导公民互助,弘扬志愿精神,让公益服务成为一种普遍的生活方式。

第八篇 "希望工程"结硕果

截至2020年，全国希望工程累计捐赠款175.8亿元，资助困难学生639.7万名，援建希望小学20593所，希望厨房6598个，援建快乐系列项目45771个。

倡导公民互助，弘扬志愿精神，让公益成为一种普遍的生活方式。

第九篇

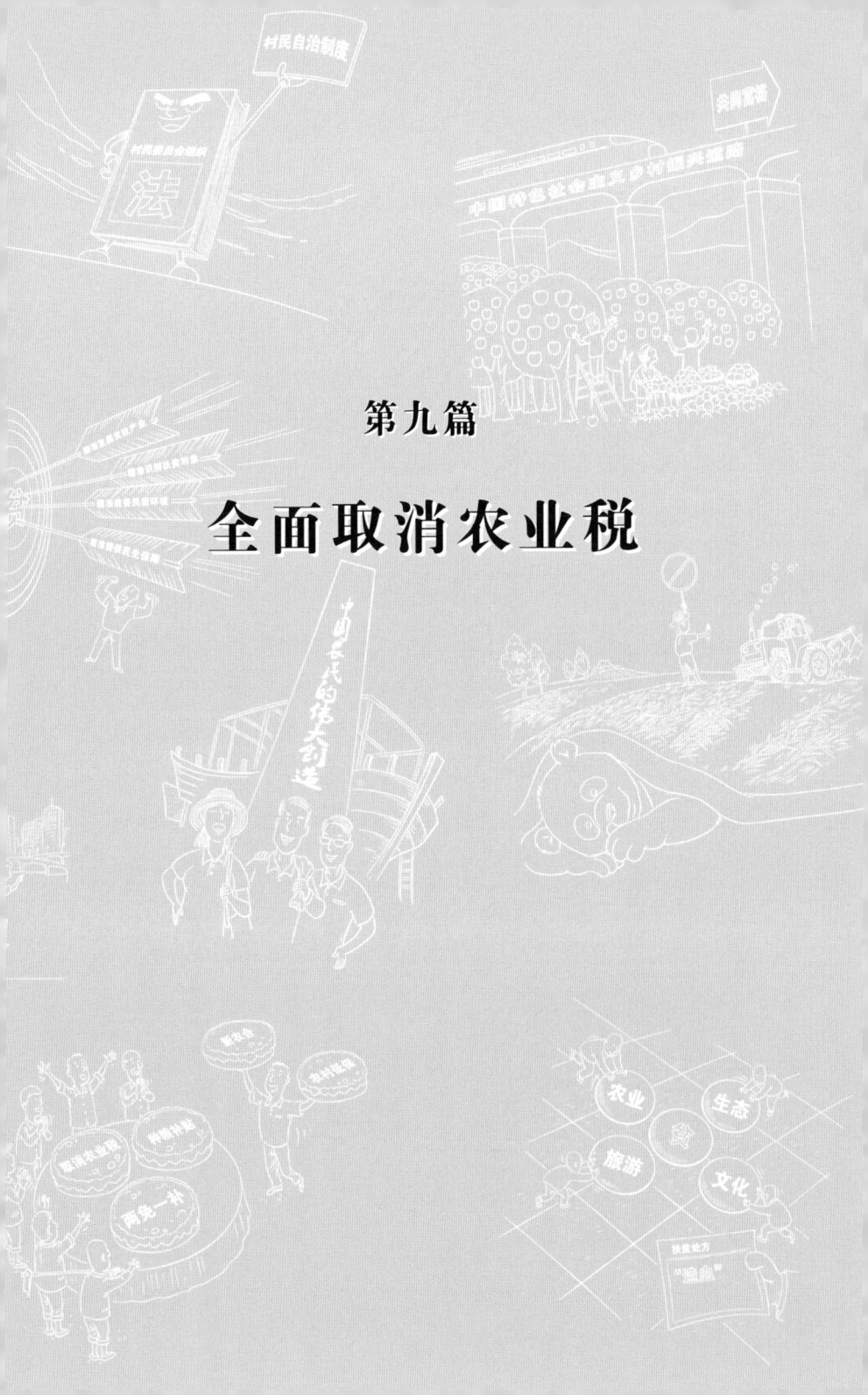

全面取消农业税

事关全国农民利益的大事

2005年12月,中华大地发生了一件事关全国农民利益的大事,第十届全国人大常委会第十九次会议决定,自2006年1月1日起,废止《农业税条例》。这也标志着,在我国延续了2000多年的农业税宣告终结,使农民负担重的状况得到根本性扭转,也意味着我国工业反哺农业进程提速。

2006年2月22日,国家邮政局发行了一张面值80分的纪念邮票,名为"全面取消农业税",以庆祝中国农业史上这个具有里程碑意义的改革。

农业税是国家对一切从事农业生产、有农业收入的单位和个人征收的一种税,俗称"公粮"。1958年6月3日,第一届全国人民代表大会常务委员会第九十六次会议通过《中华人民共和国农业税条例》。1994年1月30日,国务院发布《关于对农业特产收入征收农业税的规定》。全国的平均税率规定为常年产量的15.5%,各省、自治区、直辖市的平均税率,在征收农业税(正税)的时候,结合各地区的不同经济情况,分别加以规定。

作为政府解决"三农"问题的重要举措,停止征收农业税,不仅减少了农民的负担,增加了农民的公民权利,体现了现代税收中的"公平"原则,同时还符合"工业反哺农业"的趋势。废除延续千年的农业税,也标志着中国进入改革开放转型新时期。

农业税的起源和变革

我国的农业税经历过漫长的发展阶段。早在春秋时期的公元前594年,鲁国实行的"初税亩",是我国征收农业税的最早记载。到了战国时期,秦国的"商鞅变法"提出土地改革,按土地征收田税。宋朝的"王安石变法",实行按土地多少、肥瘠程度收税。进入明朝,开始实行"一条鞭"法,推行"摊丁入地",将各种赋税统一。清朝雍正年间实行"摊丁入亩",可以看作是对明朝"摊丁入地"的深化。

在封建社会,农业是最主要的生产部门,是封建制国家最主要的税收来源,也是财政收入的主体。但随着工业、商业的发展,农业在国民经济中的比重不断下降。当代世界多数国家的农业税已不是主体税收,而是作为财政收入的辅助手段。

新中国成立以后,1958年6月3日,第一届全国人大常委会第九十六次会议通过了《中华人民共和国农业税条例》。从1983年开始,除农业税外,我国开征农林特产农业税。1994年将农林特产农业税,改为农业特产农业税。牧区省份则根据授权开征牧业税。

进入21世纪以来,农村税费改革是在前期规范农村税费制度的基础上,逐步取消农业税。2004年,中央经济工作会议上,胡锦涛主席指出中国现在总体上已到了以工促农、以城带乡的发展阶段，取消农业税具备了条件。

2004年3月，时任国务院总理温家宝在政府工作报告中宣布，中国从今年起，逐步降低农业税税率，平均每年降低1个百分点，5年内取消农业税。2004年7月，温家宝在全国农村税费改革试点工作会议上进一步强调，中央决定从2004年起全面取消农业特产税，推进减征、免征农业税改革试点，用5年时间在全国范围内全面取消农业税，同时推进综合配套改革。

为了加快降低农业税税率的步伐，国家鼓励有条件的省区市自主进行免征农业税试点。此后，财政部提出在黑龙江、吉林两省进行免征农业税改革试点，同时鼓励沿海及其他有条件的省份先行改革。上海、北京、天津、浙江、福建5个省市，宣布自主免征或基本免征农业税。这样直到2005年12月29日，第十届全国人大常委会第十九次会议通过《关于废止中华人民共和国农业税条例的决定》，实施了近50年的农业税条例被废止。

王三妮和"告别田赋鼎"

河北省灵寿县有个叫王三妮的农民，听到全面取消农业税的消息以后，非常激动和兴奋。他觉得，这是一件值得载入史册的大事，应该永远铭记。于是，王三妮带领家人，举全家之力，运用家传的青铜铸造技艺，历时1年，耗资7万多元，自己设计和铸造了一尊"告别田赋鼎"，用以纪念国家废止农业税这件惠泽万民、利达天下的大事。

这尊青铜鼎,三足双耳,高99厘米、直径82厘米、重252公斤。它的名字就是"告别田赋鼎",上有560字魏碑体铭文:"田赋始于春秋时代,封建社会形成田赋而生……乾坤转天地变……从二〇〇六年一月一日起,依法彻底告别延续了两千六百多年的田赋,并且还让国家反哺农业……我是农民的儿子,祖上几代耕织,辈辈纳税。今朝告别了田赋,我要代表农民铸鼎刻铭,告知后人,万代歌颂永世不忘……"

2009年,"告别田赋鼎"被中国农业博物馆收藏并展出。2013年,灵寿青铜器制作工艺被认定为省级非物质文化遗产。因为铸造"告别田赋鼎",王三妮也名声大噪。他的儿子王英洁,被认定为市级非遗工艺传承人。他们的青铜器工艺品到各地展销,甚至走出了国门,生意越做越兴旺,日子越过越红火。

在接受记者采访时,王三妮说:"2005年12月底,我从电视新闻上看到,2006年国家要正式废止农业税,特别激动!我们祖上都是贫苦农民,辈辈纳税。新中国成立前,贫苦农民没有自己的土地,要活命就得给别人干活儿、打苦工。1952年前后,我们南宅公社基本完成'土改',无地和少地的农民无偿分到了土地。不过,除了小块儿自留地外,土地由新成立的农业合作社统一经营。那时候,粮食产量很低,家家粮食不够吃。"

"自分田到户,家里地就不少了。家里最多时有7口人,14亩地。公粮每年夏天要交700多斤的小麦,秋天交800多斤的玉米。每年'三提五统'和农业税费,平均下来每人要交76元,全家一年532元。"

他还说:"农业税废止后,我们农民不仅不用交钱了,而且家里种地,政府每年还补贴216元。这可是天大的好事啊!这是以前想都不敢想的事儿啊!"

从取消农业税到"两免一补"

农业税的取消,是对农村生产力的又一次解放,给亿万农民带来了实实在在的利益,极大地减轻了农民的负担,调动了农民的积极性,是中国数千年农业史上前无古人的创举。

据测算,与改革前的1999年同口径相比,2006年取消农业税后,全国农村税费改革每年减轻农民负担1250亿元,人均减负140多元,平均减负率达80%。农民负担重的状况得到根本性扭转。

继取消农业税后,国家又出台了种粮农民补贴、农村义务教育"两免一补"。此外还有新型农村合作医疗制度、农村最低生活保障制度等惠农政策,使农业农村发展取得历史性成就。

取消农业税以及中央政策向"三农"倾斜,并不损害城市的发展和市民的利益。相反,还将最终促进城市的进一步发展。因为全国的农民增收了,消费水平提高了,必将促进城乡市场的兴旺,拉动内需。城镇的生产、销售和消费等环节,也将随之步入良性循环,进而加快城市工业化的步伐。同时,城乡差距的缩小,还会促使农村社会更加稳定,并有助于全社会的稳定。

如今,脱贫攻坚圆满收官,全面推进乡村振兴扬帆起航,广袤的大地正在奋力书写中华民族伟大复兴的"三农"新篇章。

第十篇

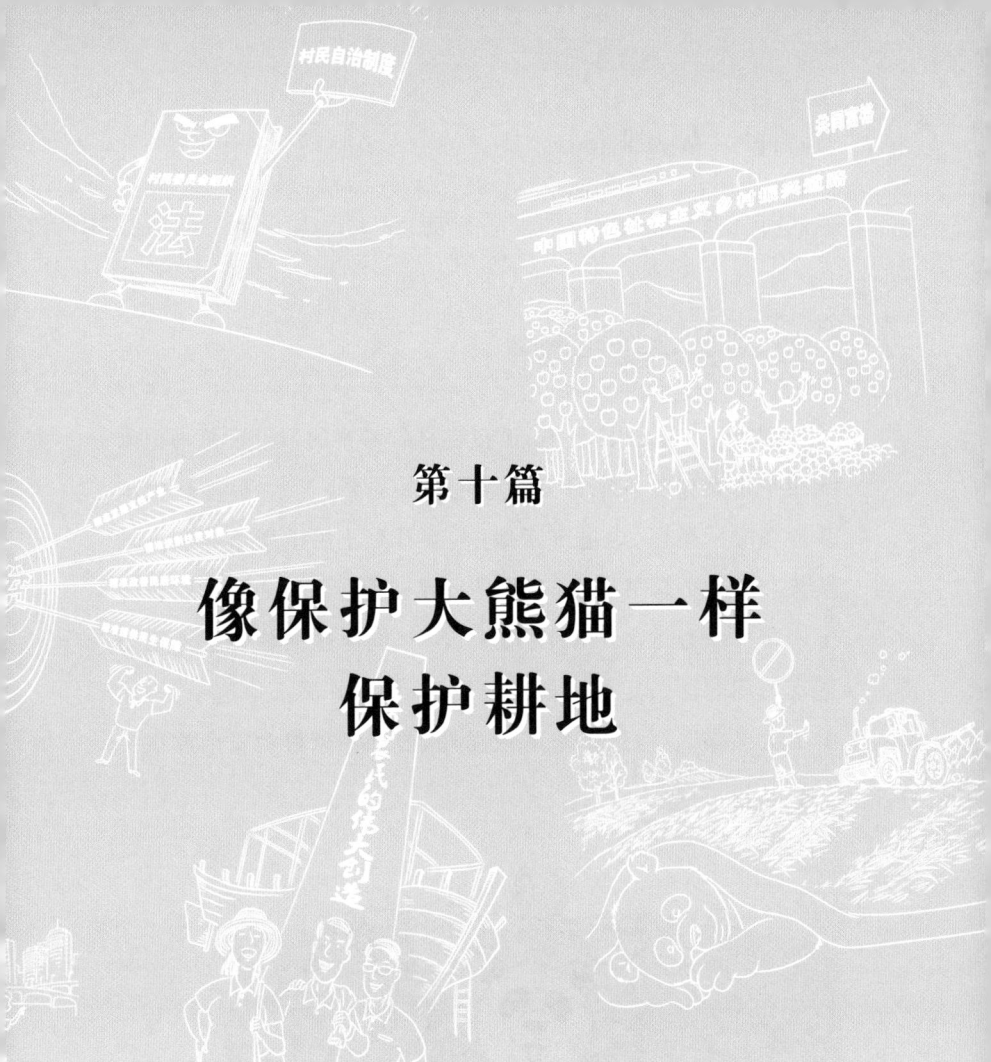

像保护大熊猫一样保护耕地

耕地中的"大熊猫"

2020年7月22日下午,正在吉林省考察的习近平总书记来到四平市梨树县国家百万亩绿色食品原料(玉米)标准化生产基地核心示范区,走进玉米地中,察看黑土层土质培养和玉米长势。习近平总书记说,东北是世界三大黑土区之一,是"黄金玉米带""大豆之乡"。黑土高产丰产,同时也面临着土地肥力透支的问题。一定要采取有效措施,保护好黑土地这一"耕地中的大熊猫"。习近平总书记强调,要把保障粮食安全放在突

出位置,毫不放松抓好粮食生产,加快转变农业发展方式,在探索现代农业发展道路上创造更多经验。

习近平总书记对农业现代化念兹在兹,千钧嘱托。犹如一记响槌,让吉林重新审视农业大省的发展之路;更似一束亮光,为奔赴在农业现代化征程中的吉林指明了方向。

粮食大省如何成为农业强省

吉林资源丰沛,物产丰饶,舒兰大米、农安牛肉、长白山黑木耳、查干湖鱼头、珲春皇帝蟹……优质特色农产品足以撑满一桌盛宴。

即便如此,在大多数人的印象里,吉林农业的标签还只是粮食大省。

的确,在我国的粮食版图上,吉林是个特别亮眼的存在:粮食人均商品量、人均调出量均为全国第一。年调出量全国前三,总产量全国第五,全国产粮大县前十名中,有六个出自吉林,且前三名都在吉林。

这些响当当的名头,让吉林省稳居我国农业现代化的第一方阵,也奠定了吉林在我国农业中占有举足轻重的地位。

吉林的特色是粮食,优势是粮食,但仅限于粮食吗?

之所以有这样的疑问,是因为这背后还有一组不常被提及的数据:2020年,吉林省农业总产值不足3000亿元。而位居首位的山东省,已突破万亿元大关。2020年,吉林省农民人均收入16067元,此前曾连续5年低于全国平均水平。

这暴露出吉林发展中的困惑:是农业大省但还不是农业强省,是粮食大省却不是经济大省,粮食生产贡献大,但增值转化能力弱,农民还不富裕。

米袋子和钱袋子,是摆在吉林省委省政府面前的一张考卷。

地处黄金玉米带、黄金水稻带,坐拥享誉世界的黑土带核心区,粮食生产是吉林农业的首要任务、立足之本、最大价值。无论什么时候、什么情况,粮食生产这根弦,一刻也不能放松。稳粮保供这个历史性重任,必须时刻担在肩上。丢掉了粮食这个根本,就丢掉了政治责任和经济位势。

吉林省山水林田湖草资源丰富,东部大森林、西部大草原、中部大粮仓。人均耕地面积是全国平均水平两倍多,具有发展种植业、畜牧业的明显资源优势。同时作为老工业基地,具有谋划打造农产品和食品加工业的能力,强县富民还有巨大的潜力可挖。

如何率先实现农业现代化？吉林省委省政府的思路越发明晰:就是要在扛稳粮食安全重任的同时,又拉动经济增长,富裕人民生活。农业现代化不仅仅是天上飞的、地上跑的,是干活挑着"金扁担",是农业科技进步贡献率和综合机械化水平的不断攀升,更应该是农业的高质量高效益,是产业的全链条大融合,是农民的高收入高回报。

把粮食优势转化为产业优势和富民优势

粮食是一种特殊商品,社会效益高但经济效益相对较低。对大多数地方而言,抓粮是政治任务。但对于吉林而言,抓粮不仅是一种使命自觉,也是一种因缘际会。

据史料记载,玉米传入我国的时间是16世纪。之后不到200年的时间,就已遍布我国20个省。但这个外来物种,却只有到了东北这片黑土地上,才发出了耀眼的"金光",成就了一个令人刮目相看的地理坐标——黄金玉米带。这是一种植物和土地之间的默契,也是人和作物之间的互动。吉林玉米的种植面积和单产水平,始终保持在全国前列。2021年,吉林省粮食首次破800亿斤大关,其中玉米达到了600亿斤,且九成达一等品质。当地农民笑逐颜开:"今年收成好,庄稼又是自老山。"丰收时节,行走在松辽大地,只见满目金黄,丰收在即。

地处松辽平原腹地的榆树市,连续17年获得全国粮食生产先进县(市)的冠军,是名副其实的全国第一产粮大县。粮食产量常年保持在60亿斤的水平,2021年达到70亿斤以上。

然而,"黄金玉米带"似乎跟黄金毫不沾边。榆树也常被人们揶揄:是"大寨县"也是"大债县"。据榆树市委副书记吴喜庆介绍,2020年本级财政收入仅为6.7亿元,而全口径财政支出50亿元。粮食产量与县级财力"粮财倒挂"现象十分明显,是典型的产粮大县、工业小县、经济弱县。

即便如此,产粮大县的干部们还是把粮食生产当作一号工程。经年累月,"多生产粮食光荣",成了他们的价值标准;"多生产粮食强县",是他们的执政理念;而"多生产粮食富民",又是他们最深切的期盼。

"健全利益补偿机制""加大对产粮大县的奖补力度",也是基层干部们谈及较多的话题。吉林等不得、慢不得,他们决心

用自己的思索和实践改变窘境。

吉林农业该向何处去？吉林省省委书记景俊海对此有着深刻的认识：农业是吉林的最大优势，是吉林振兴发展的根基。吉林作为国家粮食战略基地，必须扛起维护国家粮食安全的重大政治责任，让中国人饭碗中装有更多吉粮，这是推进吉林全方位振兴的坚实支撑。

"产业兴旺是解决农村一切问题的前提，要发挥吉林粮食大省的优势，依靠农产品加工和食品产业，发展乡村产业，促进三产融合，引领乡村振兴和农民富裕。"吉林省省长韩俊一语中的。

兴粮、强县、富民，三措并举

方向定，思路明。近年来，吉林启动实施农业农村现代化"十大工程"，先后推动出台了加强粮食生产30条、加强黑土地保护38条、现代种业创新发展18条、加快农产品加工业和食品产业发展18条、加快畜牧业高质量发展27条等政策措施，道道剑指兴粮、强县、富民。

兴粮，真金白银毫不含糊。成立由省委书记、省长任"双组长"的粮食安全工作暨黑土地保护工作领导小组，实行产粮大县国家和省级叠加奖补。省财政拿出5亿元资金奖励前10名产粮大县，充分调动地方抓粮和农民种粮积极性。制定黑土地保护和保护性耕作技术规范，加大"梨树模式"总结推广力度；设立种业发展基金3亿元，依托育繁推一体化龙头企业集成打造种业创新高地。

强县,认准农产品和食品加工这条路。以"粮头食尾""农头工尾"为抓手,省政府出台促进农产品加工业加快发展的政策意见,落实税费减免、用地、用电、人才等优惠政策,将农产品加工业企业缴纳增值税省级分享增量部分奖补政策,扩大到前10个产粮大县。大力发展玉米、水稻、杂粮、杂豆、生猪、肉牛肉羊等十大产业集群。利用5至10年时间,把农业及农产品加工业和食品产业打造为万亿级规模。

富民,用"四个蹄子"追赶"四个轮子"。省政府制定出台了《吉林省"秸秆变肉"工程实施方案》《吉林省做大做强肉牛产业

十条政策措施》和《关于实施"秸秆变肉"暨千万头肉牛建设工程的意见》等政策性文件,建设100个肉牛养殖大镇、1000个专业村、1万个养殖大户,精准扶植中小养殖户,把"秸秆变肉"暨千万头肉牛建设工程打造成现代农业标志性工程。

把黑土地视若珍宝

保住沃土良田,就保住了粮食安全的"饭碗田",把黑土地视若珍宝,也将得到其丰厚回馈。"不怕旱,也不怕涝,肥得流油,种啥得啥。"老辈人眼中的黑土地,是东北的象征,也是丰收的希望。

东北黑土区是世界仅存的三大黑土区之一,也是世界公认的最肥沃、最适宜耕作的土壤,其表层土壤有机质含量大约是黄土的十倍。

然而,黑土地的形成极为缓慢。在自然条件下,200至400年才能形成1厘米厚的黑土层。而如此宝贵的资源,正在加速流失。中国科学院沈阳应用生态研究所研究员张旭东介绍,与开垦前相比,黑土层平均厚度由50至60厘米下降到约30厘米,土壤耕层的有机质含量下降50%~60%,退化问题十分严峻。

有土斯有粮。耕地是粮食生产的命根子,黑土地是保障粮食安全的"饭碗田"。东北黑土区是我国重要的商品粮基地,粮食产量、商品量占全国的四分之一,调出量占全国的三分之一。其实,解决黑土地保护问题,最简单、最直接的办法就是休耕,但要稳粮,黑土地就不能歇下来。

如何在保证粮食产量的情况下进行保护性耕作？

吉林位于东北黑土区的核心，典型黑土区0.69亿亩，占东北黑土区面积25.0%、全省耕地65.8%，粮食产量80.0%产自黑土地。从面积看，吉林的黑土区不是最大的，但其保护模式却是最引人瞩目的。

梨树模式值得总结和推广

2020年7月22日，习近平总书记五年内第三次到吉林视察，第一站就走进丰饶的黑土地。在梨树县国家百万亩绿色食品原料（玉米）标准化生产基地核心示范区，习近平总书记语重心长地说，"一定要采取有效措施，保护好黑土地这一'耕地中的大熊猫'，留给子孙后代。梨树模式值得总结和推广"。

梨树县是全国粮食生产五强县之一，也是黑土地保护利用的试验田。从2007年起，梨树县在全国率先开展保护性耕作研究，形成了粮食增产和黑土地保护的叠加效应，掀起了一场耕作制度的革命。

什么是梨树模式？梨树县农业技术推广总站站长王贵满介绍，梨树模式的核心，就是"秸秆还田、免耕播种"，最大限度地减少土壤扰动次数，既保护了黑土地，又减少了作业成本，解决了传统耕作带来的问题。

梨树模式有什么好处？梨树县县委书记曾范涛打了个形象的比方，秸秆还田就像给黑土地盖了一层被子，不仅能起到抗旱保墒的作用，秸秆腐烂后还可以增加土壤有机质，土质松软,玉米根系扎得更深了,就能抗倒伏。

"开始农民看到'埋汰地'还不太相信,开春时一扒拉都乐开了花。地里精湿,土也不硬,免耕机播种出苗刷齐,沙尘暴也刮不倒。"对于梨树模式带来的变化,卢伟专业合作社理事长卢伟有着深切的感受,曾经因为土壤板结,农机马力越使越大,从2012年起开始保护性耕作后,农机作业更省劲了。

梨树模式不仅保住了沃土良田,实现了大粮仓的永续发展,还在"一减一增"之间,拓宽了农民的收益空间。"节本上,减少灭茬、旋耕、打垄等2~5项农事环节、3~7次农机作业,较传统种植地块节本10%~15%;增效上,比对照传统地块可增产5%~10%,农民收入增加15%~30%。"农民认可,不推自广。到目前,梨树模式已推广2800多万亩,预计2025年达到4000万亩。

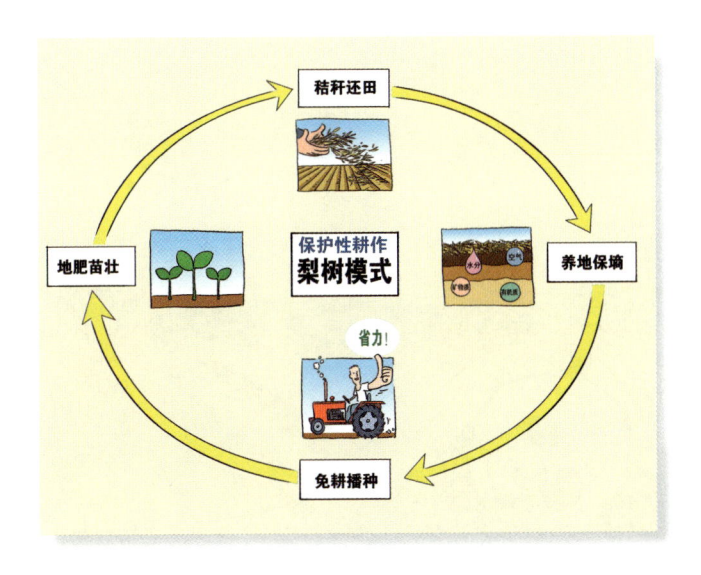

早在2018年,我国就出台了第一部黑土地保护地方法规《吉林省黑土地保护条例》。2021年,又将每年7月22日确定为"吉林黑土地保护日",推动黑土地保护与利用走上法治化轨道。2021年,吉林省委省政府共同制定了《关于全面加强黑土地保护的实施意见》,明确了10个方面38条具体措施。

在组织建设上更是高规格、高标准。成立由省委书记、省长任"双组长"的吉林省粮食安全暨黑土地保护工作领导小组,组建了4名院士领衔的吉林省黑土地保护专家委员会,在农业农村部门设立黑土地保护工作机构,组建了工作专班。

广袤肥沃的黑土地孕育了大国粮仓,也是吉林农业的珍贵"家底"。黑土地保护就像一面镜子,映照出了人与土地、人与自然、经济发展与生态保护之间的关系。"藏粮于地"的潜力怎么样,我们给子孙后代留下什么?把黑土地视若珍宝的吉林,也必将得到黑土地的丰厚回馈。

第十一篇

农村土地的"三权分置"

什么是"三权分置"

2016年10月30日,中共中央办公厅、国务院办公厅发布了《关于完善农村土地所有权承包权经营权分置办法的意见》,并明确自发布之日起实施。为进一步健全农村土地产权制度,推动新型工业化、信息化、城镇化、农业现代化同步发展,这份文件就完善农村土地所有权、承包权、经营权分置(以下简称"三权分置"),提出了具体实施办法和意见。

所谓"三权分置",是指把土地所有权、承包权和经营权等三种权利分别明确,相互区别,既存在整体效用,又有各自功能。

实施"三权分置"的重点是放活经营权,核心要义就是明晰赋予经营权应有的法律地位和权能,是继家庭联产承包责任制后农村改革又一重大制度创新。"三权分置"是农村基本经营制度的自我完善,符合生产关系适应生产力发展的客观规律。

"三权分置"首先是落实集体土地所有权。我国《宪法》规定,"农村和城市郊区的土地,除由法律规定属于国家所有的以外,属于集体所有"。《民法典》中规定,农村集体土地"属于本集体成员集体所有"。所以说,农村土地归农民集体所有。农村集体经济组织,享有对土地占有、使用、收益和处分的权利。习近平总书记指出,坚持农村土地农民集体所有。这是坚持农村基本经营制度的"魂"。

其次是稳定农户承包权。土地承包权是承包地流转后从土地承包经营权中分置出来的。《中华人民共和国农村土地承包法》规定:"农村集体经济组织成员有权依法承包由本集体经济组织发包的农村土地。"承包方取得承包权有两个条件:既要具有本集体经济组织成员资格,又要与发包方签订承包地合同。习近平总书记指出,集体土地承包权属于农民家庭,这是农民土地承包经营权的根本,也是农村基本经营制度的根本。

最后是放活土地经营权。《中华人民共和国农村土地承包法》规定:"承包方承包土地后,享有土地承包经营权,可以自己经营,也可以保留土地承包权,流转其承包地的土地经营权,由他人经营。"因此,当承包方采用出租等方式将承包地流转给第三方使用后,土地经营权随之流转给第三方。对于土地经营权人来说,需要向承包方支付一定的对价,可以利用承包地进行生产经营并取得收益。但是不能改变流转土地的农业用途。

农村土地的所有权、承包权、经营权的"三权分置",一方面优化了农业资源的配置,促进了物尽其用,另一方面也提高了村民的收入,有利于发展农业适度规模经营、集约化经营以及发展现代化农业,推进农业和农村双向发展。

"三权分置"的产生背景

改革开放之初,在农村实行家庭联产承包责任制,将土地所有权和承包经营权分设,所有权归集体,承包经营权归农户,极大地调动了亿万农民积极性,有效解决了温饱问题,农村改革取得重大成果。

但随着工业化和城镇化的进程,大批农民涌入城镇,并逐步转化为新市民。他们在家乡的土地需要有人代为经营。为此,出现了土地代耕、代种、租种等多种经营模式。而由于产权关系不够明晰,致使土地经营中的矛盾纠纷也经常发生。部分农民利益受到侵害,土地承包者也信心不足。

2013年7月,习近平总书记在武汉农村综合产权交易所调研时指出,深化农村改革,完善农村基本经营制度,要好好研究农村土地所有权、承包权、经营权三者之间的关系。2013年12月,在中央农村工作会议上,习近平总书记对农村土地"三权分置"理论做了深入阐释,指出"顺应农民保留土地承包权、流转土地经营权的意愿,把农民土地承包经营权分为承包权和经营权,实现承包权和经营权分置并行,这是我国农村改革的又一次重大创新"。

正是在这样的背景下,中共中央办公厅、国务院办公厅印发了《关于完善农村土地所有权承包权经营权分置办法的意见》,对"三权分置"作出系统全面的制度安排,在依法保护集体土地所有权和农户承包权前提下,平等保护土地经营权。

"三权分置"的基本原则

尊重农民意愿,坚持农民主体地位,维护农民合法权益,把选择权交给农民,发挥其主动性和创造性,加强示范引导,不搞强迫命令、不搞一刀切。

守住政策底线,坚持和完善农村基本经营制度,坚持农村土地集体所有,坚持家庭经营基础性地位,坚持稳定土地承包关系,不能把农村土地集体所有制改垮了,不能把耕地改少了,不能把粮食生产能力改弱了,不能把农民利益损害了。

坚持循序渐进,充分认识农村土地制度改革的长期性和复杂性,保持足够历史耐心,审慎稳妥推进改革,由点及面开展,不操之过急,逐步将实践经验上升为制度安排。

坚持因地制宜,充分考虑各地资源禀赋和经济社会发展差异,鼓励进行符合实际的实践探索和制度创新,总结形成适合不同地区的"三权分置"具体路径和办法。

坚持公有制性质不变

坚持耕地红线不破坏

坚持粮食生产不减弱

坚持农民利益不受损

"三权分置"的意义作用

"三权分置"是农村基本经营制度的自我完善,符合生产关系适应生产力发展的客观规律,展现了农村基本经营制度的持久活力,有利于明晰土地产权关系,更好地维护农民集体、承包农户、经营主体的权益;有利于促进土地资源合理利用,构建新型农业经营体系,发展多种形式适度规模经营,提高土地产出率、劳动生产率和资源利用率,推动现代农业发展。

"三权分置"开辟了中国特色新型农业现代化的新路径。实行"三权分置",在保护农户承包权益的基础上,放活土地经营权,有利于促进土地经营权在更大范围内优化配置,有利于培育新型农业经营主体,为走出一条"产出高效、产品安全、资源节约、环境友好"的中国特色新型农业现代化道路开辟了新路径。

"三权分置"丰富了我党的"三农"理论。实现了集体、承包农户、经营主体对土地权利的共享,有利于促进分工分业,让流出土地经营权的农户增加财产收入。它是充满智慧的制度安排、内涵丰富的理论创新,具有鲜明的中国特色。

乐园村卫生室

红旗渠

美丽乡村

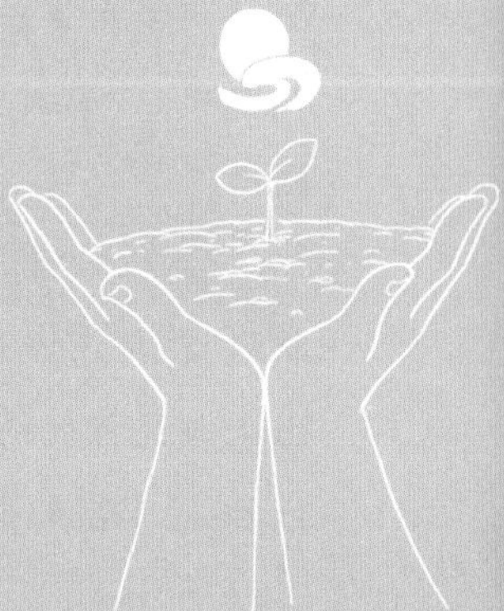

积分制治理
2016年1月12日官场村

经济改革

坚持农村土地集体所有权
稳定农户承包权
放活土地经营权
流转

第十二篇

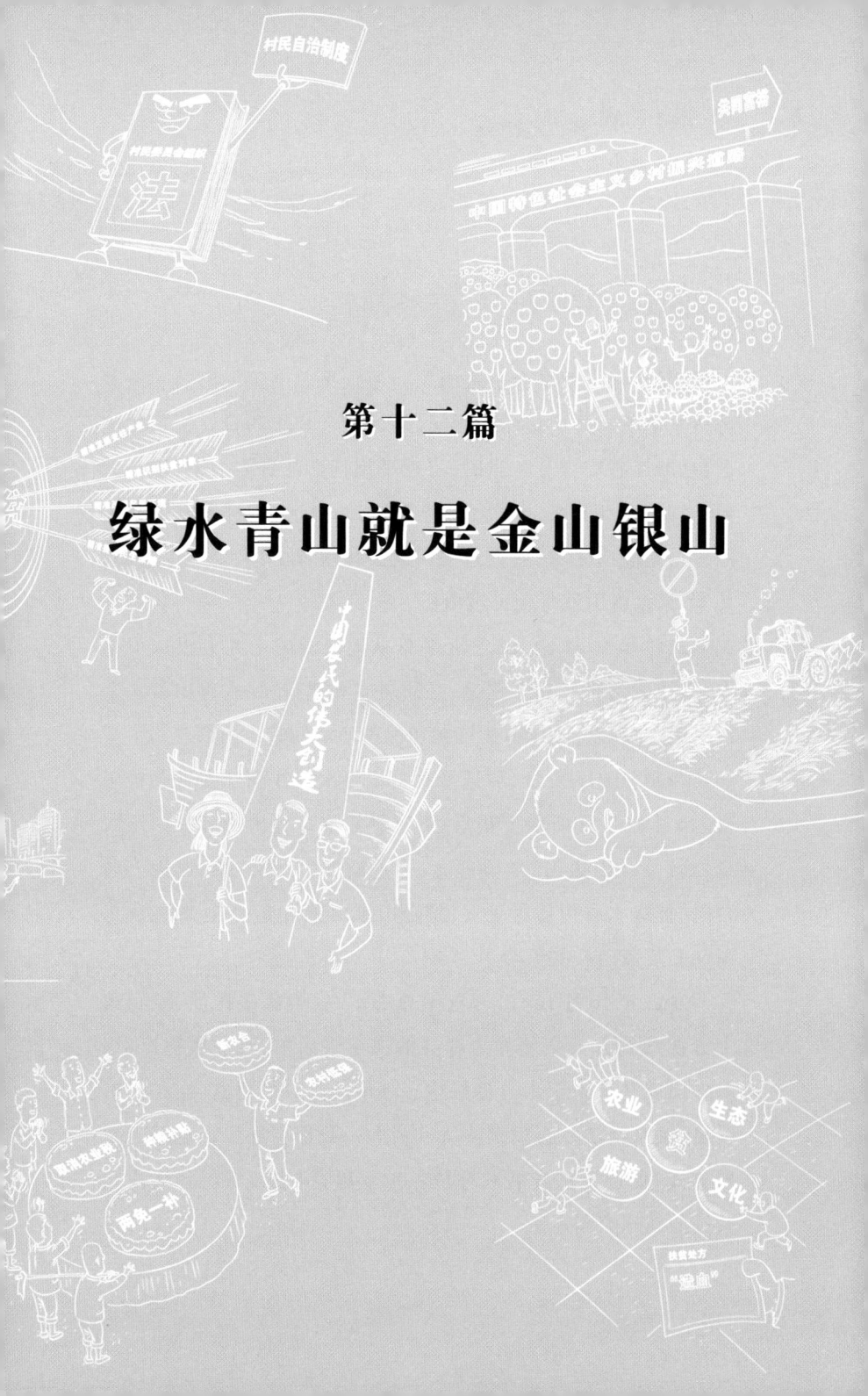

绿水青山就是金山银山

发生在浙江安吉的著名论断

"绿水青山就是金山银山",是习近平总书记提出的一条著名科学论断。首次提出的时间,是2005年8月15日。提出的地点,是浙江省安吉县。当时,习近平担任浙江省委书记,这一天到浙江省湖州市安吉县余村考察时,他表示,余村人下决心关停矿山是高明之举,我们过去讲既要绿水青山,又要金山银山,其实,绿水青山就是金山银山!

2017年10月18日,习近平总书记在党的十九大报告中指出,坚持人与自然和谐共生,必须树立和践行"绿水青山就是金山银山"的理念,坚持节约资源和保护环境的基本国策。

2020年3月30日,习近平总书记再次前往浙江安吉余村考察。4月1日,在听取汇报后,习近平总书记提出,要践行"绿水青山就是金山银山"发展理念,推进浙江生态文明建设迈上新台阶,把绿水青山建得更美,把金山银山做得更大,让绿色成为浙江发展最动人的色彩。

2021年10月12日,习近平总书记在《生物多样性公约》第十五次缔约方大会领导人峰会的视频讲话中,又一次提出,绿水青山就是金山银山。良好生态环境既是自然财富,也是经济财富,关系经济社会发展潜力和后劲。我们要加快形成绿色发展方式,促进经济发展和环境保护双赢,构建经济与环境协同共进的地球家园。

从2005年到2021年,这个科学论断提出的十几年来,浙江省的干部群众,把美丽浙江作为可持续发展的最大本钱,护美绿水青山、做大金山银山,不断丰富发展经济和保护生态之间的辩证关系,在实践中将"绿水青山就是金山银山"化为生动的现实,成为千万群众的自觉行动。

矿山曾经是全村人的"命根子"

对于绿水青山和金山银山这"两座山"的关系认知,在浙江经历了一段逐步发展的过程。浙江境内的地理环境,是"七山一水两分田",靠山吃山自古皆然。

而浙江境内的湖州,是一座拥有2300多年历史文化的江南古城,地处浙江省北部,东邻嘉兴,南接杭州,西依天目山,北濒太湖,与无锡、苏州隔湖相望,是环太湖地区因湖而得名的城市。

浙北湖州的石灰岩品质优良,是长三角建筑石料的主要供应地。经年累月的开采,让这片曾经的"江南清丽地"因此蒙尘。淤泥沉积,部分河床在35年内抬高了2米。昔日"桃花流水鳜鱼肥"的东苕溪,部分断面水质"比黄河水还要混浊"。

安吉为湖州市下辖县。在安吉的大山深处,隐藏着一个小村落,即因天目山余脉余岭得名的安吉县天荒坪镇余村。余村的矿产资源非常丰富。

20世纪90年代以来,在靠山吃山、加快发展的思想推动下,余村先后办起了矿山和水泥厂,年收入高达300多万元,成为安吉县有名的工业村。全村280户村民,一半以上家庭都有人在矿区务工,矿山成了全村人的"命根子"。但也因为开矿,造成了严重的山体破坏、水土流失、空气污染,与周围的绿水青山形成了强烈的反差。一些有思想的村民们也曾提出质疑,这样的发展能持续多久?

"村里明知其害,可又找不到其他门路。那时大家一心只知赚钱,只能硬着头皮上。"余村人回想起当时的这只"金饭碗",可谓既爱又恨。2003年,安吉提出生态立县,终于结束梦魇。余村开始陆续关停矿山和水泥厂,集体经济收入一下跌至20多万元,还不够偿付工资,各方压力排山倒海地向村"两委"班子袭来。

发展到底是为了什么

时钟拨到2005年8月15日。正当余村人处在犹豫不决的十字路口时,时任浙江省委书记的习近平同志来到了这个小山村。炎热、狭小的村委会小会议室里,气氛显得有些不安。村里前些年关掉矿山、还乡村绿水青山,但村级经济与百姓收入出现了下滑,村干部们将向前来调研的省委书记作汇报。

习近平同志则果断地表示,余村人下决心关停矿山是高明之举,我们过去讲既要绿水青山,又要金山银山,其实,绿水青山就是金山银山!

这时,余村干部的眼神里透出了光芒。习近平谆谆教导,要坚定不移地走这条路,有所得有所失,熊掌和鱼不可兼得的时候,要知道放弃,要知道选择。

发展到底是为了什么？在那间炎热、狭小的村委会小会议室里，整个小山村、整个浙江、整个中国都听到了答案："绿水青山就是金山银山。"当习近平同志高瞻远瞩地提出"两山"重要思想，十余年间，余村和安吉大地上发生了前所未有的历史性巨变，谱写了一曲壮美史诗。

"两山论"的提出，为余村人吃下了定心丸，也指明了发展方向。打定主意的余村人，依托"竹海"资源和优美的自然环境，因地制宜发展白茶、椅业等产业，还开起了民宿、农家乐，办起了漂流，大力发展生态休闲旅游经济。这些年，从杭州、上海等周边城市，甚至是从全国各地赶来休闲度假的游客络绎不绝。由此，余村人的钱袋子也鼓了起来。从"卖石头"到"卖风景"，靠着绿水青山，余村人实现了金山银山。

余村从过去卖石头到卖风景，再到卖文化、卖品牌，乡村产业羽翼渐丰，各种业态也在蓬勃发展。原来被炸得坑洼的冷水洞矿山建起了矿山遗址公园，村里凹凸不平的路修起了"两山绿道"，还有荷花山漂流、田园采摘农庄等生态旅游项目。余村的"两山"景区已成为兼具生态旅游区、美丽宜居区和田园观光区的国家AAAA级景区，是全国首个以"两山"实践为主题的生态旅游、乡村度假景区。

对余村当时刚刚起步的生态旅游和农家乐，习近平亲切支招鼓劲，浙江在建设生态省，推行"八八战略"，建设节约型社会，推行循环经济，对湖州来讲这是必由之路，也是一条康庄大道。一定不要再去想走老路、迷恋过去那种发展模式。

第十二篇 绿水青山就是金山银山

绿水青山真的变成了金山银山

绿水青山的环境优势,实实在在转化成了建设"金山银山"的现实生产力。在这十几年中,余村从事旅游的村民从28人增加到近400人。近几年,游客越来越多,村民越来越富。2018年全村参观者和游客达80万人次,村集体经济收入471万元,村民人均年收入达44688元,并顺利通过了国家4A级旅游景区的验收。

春林山庄老板潘春林,是天荒坪镇农家乐协会会长,也是余村最早开办农家乐的村民。之前,他一直在矿区开拖拉机运矿石,"生产的时候,抬头都看不见蓝色的天空","出趟门回来,眉毛、头发都是白的,全是粉尘","在家不敢开窗,没处晾衣服。一到雨天,村里的溪水就像酱油一样,村路也泥泞坑洼"。潘春林回忆起之前的余村,就一直在摇头。没想到经过两三年关矿停厂,余村人发现三面环村的山林绿了起来。

又一年后,满山的毛竹也长了起来,从山里流出来的溪水也变得清凌凌了。绿水青山打动了潘春林,他回来了。他把余村的好山好水拍成照片,再配上几句"文学语言",如"美不胜收""如梦如醉""人间天堂"等,往网上一放,全国的客人来了余村都在找春林山庄。

展开美丽中国的崭新画卷

十几年来,余村不断用实际行动和成绩,诠释着"绿水青山就是金山银山"的理念。如今的余村,山清水秀、村强民富、平安和谐,荣获全国文明村、全国美丽宜居示范村、全国生态文化村等多项荣誉。

这一系列成就的取得,既离不开村党组织和党员干部的引领示范,更离不开村民的有效配合和自觉行动。比山、比水更美的是人的心灵。历史和现实都印证了一个真理:惜草木、爱江山者,才能令村美、民富、国强。

在今天践行"两山"重要思想的道路上,像这样坚持生态文明建设久久为功、砥砺前行的,何止是余村！是安吉,是湖州,是整个浙江大地,是全中国,一个美丽中国的崭新画卷已徐徐展开。

经过10年的探索和实践,"绿水青山就是金山银山"之于浙江,已然从盆景变风景、化苗圃为森林,成为全省干部群众内化于心、外化于行的自觉行动,并呈现出神形兼备、丰盈充实的全域化格局。

人改变了环境,环境又反过来改变了人。从最初的被动做到今天的主动为,如今浙江的不少乡村白墙黛瓦、一尘不染,村里村外见不到一张废纸屑、一个烟头。生态红利进一步催生了生态自觉,农村脏乱差的生活陋习、公众恣意破坏山水植被的行为得到了彻底改变。

把蓝图交给群众、把愿景交给群众。浙江的生态文明建设和美丽经济发展,也和当地块状经济发展一样,显得业态丰盈,形态丰富,形成了全民参与、社会协同、惠及全民的良性循环。

第十三篇

精准扶贫的"首倡地"

风起湘西十八洞村

湖南省湘西土家族苗族自治州花垣县十八洞村,是精准扶贫的"首倡地"。2013年11月3日,精准扶贫在这里首次被提出。近年来,十八洞村在精准扶贫的道路上积极探索,走出了一条可复制可推广的精准扶贫道路。通过当地干部群众的共同努力,十八洞村人均纯收入由2013年的1668元增长到2019年的14668元。

十八洞村地处武陵山脉腹地,是一个藏在偏僻幽静山谷中的苗族聚居贫困村。过去,因为基础设施差、闭塞落后,外村女子不愿嫁入,村里鲜有陌生面孔。到2013年,全村贫困发生率高达57%,集体经济空白。

2013年11月3日,习近平总书记在湖南湘西十八洞村视察时首次作出了"实事求是、因地制宜、分类指导、精准扶贫"的重要指示。2014年1月,中共中央办公厅详细规制了精准扶贫工作模式的顶层设计,推动了精准扶贫思想落地。

2014年3月,习近平参加全国两会代表团审议时强调,要实施精准扶贫,瞄准扶贫对象,进行重点施策。进一步阐释了精准扶贫理念。

精准扶贫是粗放扶贫的对称,是指针对不同贫困区域环境、不同贫困农户状况,运用科学有效程序,对扶贫对象实施精确识别、精确帮扶、精确治理的治贫方式。一般来说,精准扶贫主要是就贫困居民而言的,谁贫困就扶持谁。

自此,全国掀起了新一轮脱贫攻坚战的热潮。贵在精准,重在精准,成败之举在于精准。精准扶贫,成为各界热议的关键词。

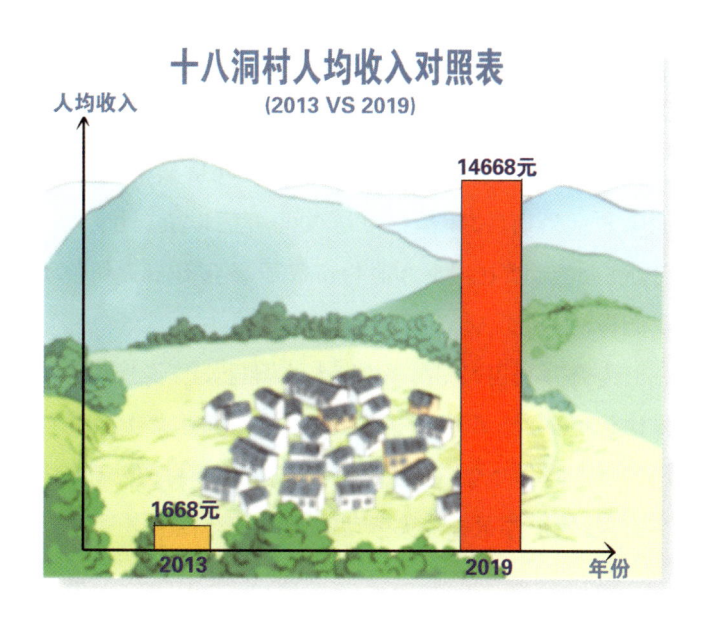

十八洞村人均收入对照表
(2013 VS 2019)

2013: 1668元
2019: 14668元

全国脱贫攻坚楷模

作为精准扶贫的"首倡地",十八洞村牢记总书记的殷切嘱托,在"精准"上下足功夫。依托独特的自然环境,因人施策发展起乡村旅游、特色种植、养殖、苗绣和劳务输出五大支柱产业。后又探索出精准识别扶贫对象、精准发展支柱产业、精准改善民居环境和精准提供民生保障"四大精准",经验辐射全国各地。不仅如此,十八洞村还确定了以乡村旅游为长期产业、猕猴桃为中期产业和稻花鱼等其他种植养殖为短期产业的发展模式。

为解决当地土地稀少的问题,扶贫工作队在村外流转了1000亩土地,建成高标准猕猴桃基地。同时引进本土龙头企业苗汉子合作社,与全体村民以股份制合作组建十八洞村苗汉子果业有限责任公司。

2017年9月28日,基地出产的4.1吨猕猴桃,首次出口港澳地区。"盛果期后,年销售可达2000万元以上,村民人均年增收可达5000元以上。"十八洞村苗汉子果业有限责任公司总经理罗会详说。

为充分利用每一寸资源,十八洞村又与步步高集团签订合作协议,开发十八洞山泉水。2017年10月,"十八洞村山泉水厂"正式建成投产,劳动用工优先考虑本村的贫困户和村民。目前,已为十八洞村解决劳动就业30人。

就在2018年3月22日,十八洞山泉水正式上市发售。未来,山泉水销售所获收益的15%将由十八洞村集体享有。此外,每销售一瓶山泉水,还将有一分钱进入花垣县扶贫基金。

老百姓收入高了,村内的基础设施也发生了翻天覆地的变化。盘山小路变成了沥青马路,村内家家门口修了石板路,户户通了自来水。游步道有了、ATM机有了,还与文化公司合作建立了农家书屋和诗社。看到村内的变化,在外打工的年轻人又都选择了返乡。

目前,十八洞村的贫困发生率已降至"0"。十八洞村党支部书记、村委会主任施金通说,贫困发生率主要用于贫困程度统计,原则上一年统计一次。降至"0",意味着十八洞村现行标准下贫困人口全部脱贫。

2021年2月25日,在全国脱贫攻坚总结表彰大会上,习近平总书记庄严宣告,中国脱贫攻坚战取得了全面胜利。会上,花垣县十八洞村获"全国脱贫攻坚楷模"荣誉称号。

得益于精准扶贫"首倡地"这块金字招牌

因为是精准扶贫"首倡地",十八洞村的名字,传遍了国内外。越来越多的媒体和游客,都慕名而来。村里八旬老人施成富的老伴也因此成为村里的"网红"。"以前我们这里根本没有外人进来,现在还有洋游客带着相机来拍照。"施成富笑着说。

2017年,十八洞村以苗家特色为主要资源的生态游,吸引了26万游客,实现旅游收入200余万元,村内7家农家乐,家家生意火爆。

随着村内环境的改善和收入的增加,如今已有19位"光棍"宣布"脱单"。44岁的施全友便是其中之一。2014年,在外打工的施成富的小儿子施全友,看到自己家都看上了电视,也知道扶贫工作队到村后给村里带来了很多项目,他当即决定辞工回家,并给一直保持联系的"网恋"女友小孔发了信息。"我让她跟我一起回村里搞农家乐。她当厨师,我搞后勤。"

那一年,小孔跟施全友回了家,就没有再离开。他们在父亲施成富家开设了村里第一家农家乐。2015年元旦,他们俩在村里举行了婚礼。

如今,施全友的农家乐日均客流量最多时可达30多桌,年均毛收入达三四十万元。人多时,得请四个工人帮忙。

日子一天比一天好,游客一天比一天多,施成富却不肯闲下来,孩子们孝顺不让他干活,他只好主动负责起为自家农乐倒垃圾的"职责"。

"干了一辈子活儿,闲不下来,垃圾池就在村口,不远,来回走就当锻炼身体了!"施成富笑着说,刚开始垃圾不多,自从游客多了后,家里的垃圾桶从1个小的逐渐变为3个大的,每天都要分小桶转运5次以上。"这跟以前挑岩灰不一样,就算累但是累得非常开心,有盼头!"

乡村振兴有了"路线图"

2018年7月,湖南省率先在十八洞村建立驻村规划师制度。从湖南大学引入规划设计团队,用精准理念编制并实施"多规合一"实用性村庄规划,确立了"精准扶贫首倡地、传统村落保护地、乡村旅游目的地、乡村振兴示范地"的目标定位。

在产业发展思路上,规划提出了"一廊连两翼,六寨齐一心"的蝶形空间结构,主要是推动以U形山水景观廊道串联的莲台山生态休闲区和高名山农旅产业区两翼齐飞、全域发展。

在村容村貌改善上,规划坚持保护苗族特色、保存苗寨风情、保持苗居风貌的原则,在村落建设与改造中采用本地常用的技术、材料、形式、工艺,全村237户民居完成了风貌改造和功能改善,新村部保持了传统建筑的特色,同时也植入了现代功能。

在村庄文化保护上,规划以"保护为主、适度开发、合理利用、传承发展"为原则,深入挖掘历史文化资源,建立文化传承与创新体系,保护好苗歌、鼓舞等珍贵的文化资源。

两年来的实践检验证明,围绕十八洞村制定的"精准规划",是一个巩固脱贫成效、推进乡村振兴的优秀规划。比如,规划在2018年时就提出"新青年下乡"的概念,概念超前,当时还有村民觉得可能性不大。但是,目前十八洞村成了青少年研学基地,还有不少返乡创业就业的年轻人,为乡村振兴打下了人才基础。

十八洞村集体经济联合社副理事长隆成合是村里有名的"能人",这些年他带着部分村民搞发展,腰包越来越鼓。他说,他们围绕产业规划谋划产业布局,通过规划找市场、搞建设,省时省力,节约了资金,获得了更高效益。

在全面脱贫"最后一公里"与乡村振兴"最先一公里"的历史交汇期,精准规划成为促进乡村现代化发展和精细化治理的重要前提,对推进脱贫攻坚与乡村振兴有效衔接起到桥梁和纽带的重要作用。通过规划引领,稳步推进村庄建设发展,一件事情接着一件事情办,一年接着一年干,推进脱贫攻坚与乡村振兴,也有了清晰的"路线图"。

乐园村卫生室

红旗渠

美丽乡村

积分制治理
2016年1月12日官场村

经济改革

坚持农村土地集体所有权
稳定农户承包权
放活土地经营权
流转

第十四篇

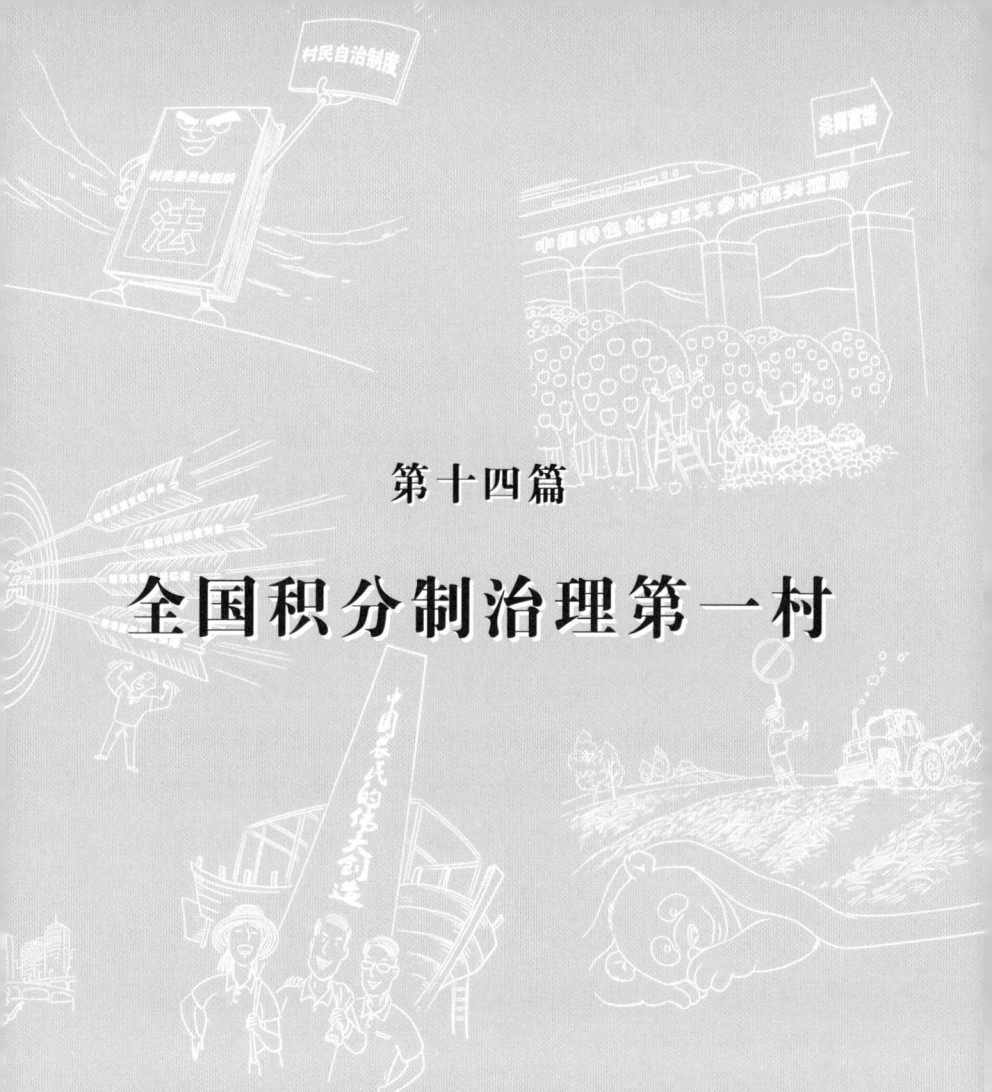

全国积分制治理第一村

官场村的新创举

2016年1月12日,山东省莱芜市高新区的官场村,正式举行积分制治理启动仪式。由此,这个村也成为全国积分制治理第一村。

官场村始建于明朝洪武二年(公元1369年),因三面环水,水草丰茂,是春秋战国时期鲁国军队操练屯兵、储粮、放马之场地,故称"官马场",后演变简称为"官场"。官场村地处莱芜市城区南部,属于城中村,素有"济南的后花园"之称。同时也被农业农村部授予"中国特色村""中国生态小湿地保护区"称号。全村现有村民680户,居住人口2600余人,是莱芜市经济文化强村。

因为官场村处于城区,人员流动量大,各种问题隐患多,为此,该村创立了积分制治理落户制度,并成为全国首家农村积分制治理示范村。

所谓积分制治理,就是用奖分和扣分记录、考核人的综合表现,然后用软件记录,并且终身有用。把积分与设计的立体需求挂钩,从而调动人的内在动力,让优秀的人不吃亏,让"吃亏是福"真正变为现实。

官场村用积分制治理全村人的道德风尚,是一项重要的新创举。

"行为银行"与"快乐会议"

2013年,在村党支部书记张珂的倡议下,官场村建立了"莱芜市弘德传统文化推广中心",目的是通过弘扬传统文化,扭转社区内存在的兄弟不睦、不孝顺老人等不和谐现象。传统文化推广中心内设道德大讲堂,以儒家孝道文化为教育宣传基本点,每月免费开课,宣扬中华传统的孝道文化。

课堂上一个很重要的内容,就是让学员在讲台上为自己的父母洗一次脚。旨在通过实践教育,积极倡导尊老、敬老、助老的传统美德。通过连续几年的传统文化教育,村民们懂礼知义的传统文化基因逐渐被唤醒。官场村社区逐渐呈现出父慈子孝、兄友弟恭的和谐场面。

但随着村民素质的提升,也遇到了推广瓶颈。在推广传统文化的过程中,为了激发大家的积极性,村"两委"年年组织评选"好媳妇""好婆婆""文明家庭"等四德榜。起初比较顺利,而随着整个社区村民素质的提升,奖励名额逐渐紧张起来,加之没有一个具体的、绝对化的标准,有的村民对别人拿奖不服气。还有子女多的家庭,因为争夺"好媳妇"的荣誉,打起了"内战"。四德榜被迫停滞。这也引起了村党支部书记张珂的重视与思考。

2015年11月,张珂带队参加了湖北群艺第117期积分制管理落地实操班。通过学习,感受到积分制是一套非常好的管理方法,可以应用到农村治理当中去。通过搞积分制,将每个村民做的好事记录,为每一位村民建立"行为银行",评四德榜时

按积分高低,村民们就对评选结果没有疑问了,村里的传统文化教育也能更好落地。

说干就干。2016年1月12日,在征求了村民意见后,官场村积分制治理启动仪式举行。湖北群艺集团董事长、积分制管理创始人李荣先生受邀前来参加。由此,官场村成为全国首家全面导入湖北群艺积分制管理的村庄。

积分制治理的具体操作方式是:村"两委"将全村分成6个片区,每个片区设一个负责人和3到5名信息采集员。采集员每天把村民做的好事收集起来,用奖分的形式对村民的行为表现进行量化考核,并用软件记录。

其特点是以奖分为主,奖分(积分)标准主要参考四德工程(社会公德、职业道德、家庭美德、个人品德)要求。如周末回家陪老人,奖5分/周次;给60岁以上老人过生日拍全家福,奖20分/次;自报义务参加丧事执事、助忙的,奖2分/天;等等。

在对积分进行有效记录后,一个月一评比。同时,定期开展积分制治理快乐会议。在快乐会议上,村民们既可以凭借积分获得奖票,并凭借奖票参与抽奖;还可以按照积分的名次领取福利,并与评选先进挂钩。积分对每一位村民来说终身有效,使用后不清零、不作废,成为老百姓终生的"行为银行"。

2016年5月初的一个下午,春光明媚,山东省莱芜市官场村春意盎然,村民们手拿纸券,嘴角蓄满笑意,欢快地走在农村社区的路上。

原来,他们是来参加村里第一届"快乐会议"的。村民们手里拿的纸券,是通过自己的努力挣得的积分抽奖券。会议经过领导发言、节目表演等环节后,终于进入了高潮——抽奖环节。在工作人员的指引下,村民们把积分抽奖券投入现场的抽奖箱,获奖者分别获得了暖瓶、垃圾桶、卫生纸、洗衣液、雨伞等生活日用品及现金大奖。获奖的村民兴高采烈,现场的气氛其乐融融。

积分制模式的完善

在积分制治理模式下,"村民张学普修基地音响+5分""敬老院亓翠英帮助外来老人晒衣服+3分""亓瑞英给母亲洗头+10分"。这样的"小事"被公布出来。村民们一看:"这样的事做起来不难嘛!"于是,大家便广泛参与了进来。

同时村里扩大了好事的范围:村民参加集体活动、完成村委交办的任务、孝敬老人等,都纳入好事范围,以激发起人们的善心、爱心、孝心。如首届"快乐会议"上,被评为"优秀村民"的64岁村民吕发之,就是因为每天晚上出门遛弯时都随手带着工具,捡拾路边的垃圾。无私奉献的事迹,让热心村民上报给了村里,村里才授予他"优秀村民"称号。

随着村民参与的热情越来越高,村"两委"又适时适度地给积分制添加了一些新的内容,以充分调动激励村民的主观能动性和积极性。主要思路是把各种物质待遇、福利与积分挂钩。比如,在本村幼儿园就读,积分排在第一名的,免收一年学费;18~50周岁村民,本年度积分前10名者,居民医疗保险费用由村集体承担;积分在前100名内的村民,次年如出现生病住院情况,按合作医疗报销后,个人负担部分由村委报销30%;入住敬老院的家庭,积分最高的可以免费,甚至城乡医疗保险也可以用积分抵顶。此外,村里还规定了扣分项。如上报假信息扣50分、家庭暴力一次扣100分、打架斗殴扣200分等。

在原有积分制治理模式下,2019年,官场村还启动了积分超市,即将"积分"作为特殊的"流动货币",允许村民利用自己的积分到超市中换取一定的物品。例如,100分可以兑换价值10元的商品。兑换之后,这一模式下的所兑换的奖票积分将被清除,但录入系统积分永远保留。两种积分模式同时启动,更加激发了村民的热情,好人好事随处可见,这让村庄日常治理工作明显顺畅,村民参与公共事务、配合村里工作的积极性更高了。

积分制治理的影响

随着积分制的落地实施,在官场村积分已成为村民为人处世的评价依据,这便为文明和谐村风的形成建立了长效机制。比如,家人给子女相对象,先打听对方的积分,积分成了大姑娘和小伙子找对象的"参考指标"。在积分制的激励下,村民们争先做好事、争先当模范、争做好村民的热情空前高涨,各种善举如雨后春笋般涌现出来,做善事、行善举、积善德在村内蔚然成风。酗酒闹事、打架斗殴、聚众赌博等不文明现象没有了,新风吹遍村里的各个角落。

在积分制的带动下,官场村相继荣获中华优秀传统文化示范村、省级卫生村、山东省文化之乡等荣誉称号,并被确定为全国孝爱文化养生养老示范基地、省戏剧家协会采风基地、中华传统文化研究基地、山东省家庭文化研究基地、山东儒学文化产业基地。官场村通过在全国首家实施农村积分制治理新模式,探索以党建为引领、与传统文化相融合、用积分制抓落地的"行为银行"系统,激发起人们的善心、爱心、孝心。

积分制管理作为一套系统实用的管理模式,长期以来,在企业中应用较为广泛。官场村作为全国首家将积分制治理运用于村居的单位,取得了巨大成功,这为中国的乡村治理探索出了一种有效的模式,并树立了可学可鉴的活榜样,目前积分制治理模式已经在全国多个农村领域推广,推动新时代乡村治理焕发出新活力。

乐园村卫生室
红旗渠
美丽乡村
积分制治理
2016年1月12日官场村
经济改革
坚持农村土地集体所有权
稳定农户承包权
放活土地经营权
流转

第十五篇

"千万工程"推进美丽乡村建设

浙江省是"绿水青山就是金山银山"理念的发源地,也是绿色发展的排头兵。2003年,时任省委书记的习近平亲自部署推动"千村示范、万村整治"的发展战略(简称"千万工程"),以农村生产、生活、生态三大环境改善为重点,以农村人居环境推进美丽乡村建设,以绿水青山换来金山银山,走出了一条"美丽生财"的发展路子,在持续深化"千万工程"的过程中推进乡村全面振兴。

保护环境,传统发展方式必须转型

21世纪之初,浙江的经济建设虽然取得了显著的成效,但发展与环境、经济与社会、城市与农村发展不平衡不协调的问题日渐突出。农村建设和社会发展明显滞后,乡村布局缺乏规划指导和制度约束,基础设施落后,公共服务缺失。尤其在生态和人居环境方面"脏乱差"现象普遍存在,群众对此反应非常强烈。

当时,浙江面临资源过度开采、环境污染严重、生态急剧退化的共性难题。如安吉县余村,虽然依靠矿产资源成为全县的首富村,但付出了沉重的环境代价。余村党支部书记汪玉成说,"村里粉尘蔽日,整个河道都是石灰水泥浆水",山体满目疮痍,村民身体受损,付出了环境甚至生命的代价,换来村经济的增长和发展。

水晶之都浦江县,最多时聚集着上万家水晶生产加工企业。大都使用简易的生产设备搞生产,随意排放废料,带来了大量污染。浦江县县长施振强说:"水晶企业造成的污染,已经到了无以复加的地步。浦江的大河小溪中,都是牛奶色的水。"500多条白色"牛奶河",一路流到钱塘江,"每滴污水都流进了杭州人的茶杯里"。

生猪大县海盐县,境内河道众多却污染遍布,不少村子虽然村民开着奔驰宝马,但豪车只能在猪粪堆里行驶。

这些发展中的问题,成为浙江成长中的烦恼,转型势在必行。2002年10月12日,习近平调任浙江省委书记之后,开启了马不停蹄的调研行程。在春节前的3个月内,他连续到11个市进行一线调研。

调研发现,全省34000多个村庄中,只有4000多个环境比较好,占12%。其余3万多个村庄的环境,都非常差或比较差,占88%。传统发展方式的深层次问题,是经济高增长背后的不平衡、不协调和不可持续的发展模式,牺牲的是子孙后代赖以生存的资源环境。如何处理好发展和环境保护的关系,走出一条农村经济社会协调发展之路,考验着决策者的智慧。

找准抓手,果断决策推进"千万工程"

2003年6月,在时任省委书记的习近平的倡导和主持下,以农村生产、生活、生态的"三生"环境改善为重点,浙江在全省启动了"千村示范、万村整治"工程,开启了以改善农村生态环境、提高农民生活质量为核心的村庄整治建设大行动。坚持有序改善民生福祉,把良好的生态环境作为最公平的公共产品、最普惠的民生福祉。

他们从解决群众反映最强烈的环境"脏乱差"做起,通过改水改厕、村道硬化、污水治理等措施,提升农村生产生活的便利性;通过实施绿化亮化、村庄综合治理,提升农村形象;通过实施产业培育、完善公共服务设施、美丽乡村创建,提升农村生活品质。先易后难,逐步延伸,以点串线,连线成片,实现了从"千万工程"到美丽乡村、再到美丽乡村升级版的蝶变。

在浙江工作期间,习近平亲自抓这项工程的部署落实和示范引领。首先,从全省3万多个村庄中,选择10000多个行政村,进行全面整治,并把其中1000多个中心村建成全面小康示范村。每年都召开一次全省现场会作现场指导。此后,浙江省持之以恒推进"千万工程"。"一把手"直接抓这项工作,也成为浙江历届省委的一项雷打不动的惯例。所布置的工作尽管每年有所侧重,但抓这项工程的决心不变、主题不变,一以贯之。

2005年8月15日,习近平在安吉余村考察时,得知村里关闭矿区、走绿色发展之路的做法后,给予了高度评价。他表示,下决心关停矿山是高明之举。在这次考察中,习近平还首次提出了"绿水青山就是金山银山"的科学论断。

2005年8月24日,习近平在《之江新语》的《绿水青山也是金山银山》一文中阐释,我们追求人与自然的和谐,经济与社会的和谐,通俗地讲,就是既要绿水青山,又要金山银山。安吉开启了在发展中保护、在保护中发展的全新路径,让生态产生效益,美丽经济已成当地的靓丽名片。

持续努力,"千万工程"的四个发展阶段

浙江"千村示范、万村整治"工程推进,先后经历了四个发展阶段:

第一阶段:2003年至2007年,主要任务是示范引领,10000多个建制村推进道路硬化、卫生改厕、河沟清淤等,建成了1181个全面小康示范村、10303个环境整治村。

第二阶段:2008年至2010年,重点工作是整体推进,将整治内容拓展到面源污染治理、农房改造、农村公共设施建设,基本完成了全省村庄整治任务。

第三阶段:2011年至2015年,这是深化提升阶段,启动实施美丽乡村建设行动计划,开展历史文化村落保护利用工作,着力把农村建成规划科学布局美、村容整洁环境美、创业增收生活美、乡风文明身心美,宜居宜业宜游的农民幸福家园、市民休闲乐园。

第四阶段:2016年以来至今,主要是转型升级阶段,推动美丽乡村建设从一处美向全域美、一时美向持久美、外在美向内在美、环境美向生活美转型,全力打造美丽乡村升级版。

经过十几年的不懈努力,浙江以"千村示范、万村整治"工程为引领的美丽乡村建设,已经取得了显著成绩。全省所有村庄完成人居环境整治任务,村庄的基础设施、生产条件、村容村貌和文化建设、公共服务都发生了巨大变化,实现了村村通公

交、村村通宽带、村村有公共服务中心,全省所有村庄实现了垃圾集中收集和无害化处理、农村污水集中处理、农房和庭院全面整治,建成了一大批美丽乡村精品村和美丽乡村风景线。

浙江"千村示范、万村整治"工程四个发展阶段

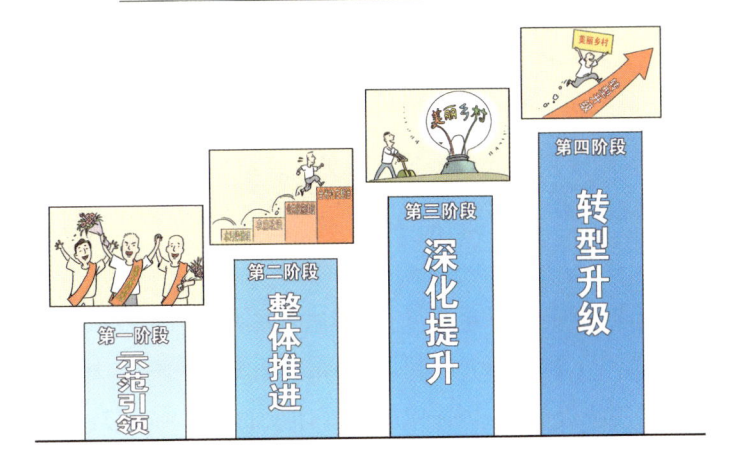

第一阶段 示范引领
第二阶段 整体推进
第三阶段 深化提升
第四阶段 转型升级

美丽升级,从"千万工程"到全面振兴

浙江省充分运用"千万工程"成果,大力发展乡村旅游、养生养老、运动健康、电子商务、文化创意等美丽业态,变"种种砍砍"为"走走看看",变"卖山林"为"卖生态",田园变公园,农房变客房,从而打开了"两山"转化通道。

现在的安吉县,已经成为"两山"转化的活样本。浦江县掀起了一场水晶产业整治雷霆行动,摘掉了"全省最脏县"的黑帽

子。海盐县发动了"生猪养殖业减量提质转型升级"行动,引导养殖户走上转产转业、绿色发展之路,江南水乡重现生机。

从美丽生态,到美丽经济,再到美丽生活,"千村示范、万村整治"工程广度和深度的拓展,内涵也不断丰富,给浙江乡村振兴发展带来勃勃生机。

2020年,全省农村居民人均可支配收入31930元,连续36年位居全国各省第一,城乡居民收入差距缩小到1.96∶1。转变村庄经营方式,把美丽经济发展与村集体经济壮大有机结合起来,以土地、资产入股等形式发展美丽经济或配套产业,走出了一条"美丽生财"的发展路子,让"民富景美"成为浙江乡村的鲜明标志。

"千万工程"的战略和成果,也成为全面落实乡村振兴战略的重要抓手。党的十九大明确提出乡村振兴战略。2018年2月,中共中央办公厅、国务院办公厅印发的《农村人居环境整治三年行动方案》公布,着力解决农村生活垃圾、生活污水治理和村容村貌提升等重点领域的问题。

2018年4月,习近平总书记作出重要指示,要结合实施农村人居环境整治三年行动计划和乡村振兴战略,进一步推广浙江好的经验做法,建设好生态宜居的美丽乡村。

2018年9月,"千万工程"获联合国最高荣誉"地球卫士奖"。同年,中共中央办公厅、国务院办公厅下发文件,要求全国学习浙江"千万工程"经验。浙江"千万工程"建设美丽乡村、推进乡村振兴的经验,正在走向全国,走向世界。

第十五篇 "千万工程"推进美丽乡村建设

乐园村卫生室
美丽乡村
红旗渠
积分制治理
2016年1月12日官场村
经济改革
坚持农村土地集体所有权
稳定农户承包权
放活土地经营权
流转

第十六篇

实施乡村振兴战略

乡村振兴战略的提出

2017年10月18日,习近平总书记在党的十九大报告中提出了乡村振兴战略。报告指出,农业农村农民问题是关系国计民生的根本性问题,必须始终把解决好"三农"问题作为全党工作的重中之重,实施乡村振兴战略。

2018年的中央一号文件《中共中央、国务院关于实施乡村振兴战略的意见》,对实施乡村振兴战略进行了全面部署,进一步明确了目标思路、任务要求及相关政策,谋划了一系列重大举措。文件提出,走中国特色社会主义乡村振兴道路,让农业成为有奔头的产业,让农民成为有吸引力的职业,让农村成为安居乐业的美丽家园。

同年9月,中共中央、国务院印发《乡村振兴战略规划(2018—2022年)》,明确提出,到2020年,乡村振兴的制度框架和政策体系基本形成,各地区各部门乡村振兴的思路举措得以确立;到2022年,乡村振兴的制度框架和政策体系初步健全,探索形成一批各具特色的乡村振兴模式和经验,乡村振兴取得阶段性成果;到2035年,乡村振兴取得决定性进展,农业农村现代化基本实现;到2050年,乡村全面振兴,农业强、农村美、农民富全面实现。

2021年2月21日,中共中央、国务院又发布《关于全面推进乡村振兴加快农业农村现代化的意见》,这也是21世纪以来,第

18个指导"三农"工作的中央一号文件。

2021年2月25日,国务院直属机构"国家乡村振兴局"正式挂牌。4月29日,第十三届全国人大常委会第二十八次会议审议通过《中华人民共和国乡村振兴促进法》。5月18日,司法部印发了《"乡村振兴法治同行"活动方案》。

2022年2月22日,中共中央、国务院下发《关于做好2022年全面推进乡村振兴重点工作的意见》。这是21世纪以来第19个指导"三农"工作的中央一号文件。文件指出,牢牢守住保障国家粮食安全和不发生规模性返贫两条底线,突出年度性任务、针对性举措、实效性导向,充分发挥农村基层党组织领导作用,扎实有序做好乡村发展、乡村建设、乡村治理重点工作,推动乡村振兴取得新进展、农业农村现代化迈出新步伐。

2022年3月5日,国务院总理李克强做政府工作报告,提出在乡村振兴方面要支持脱贫地区发展特色产业,启动乡村建设行动。

实施乡村振兴战略的目的和意义

坚持农业农村优先发展,按照产业兴旺、生态宜居、乡风文明、治理有效、生活富裕的总要求,建立健全城乡融合发展体制机制和政策体系,统筹推进农村经济建设、政治建设、文化建设、社会建设、生态文明建设和党的建设,加快推进乡村治理体系和治理能力现代化,加快推进农业农村现代化,走中国特色社会主义乡村振兴道路,让农业成为有奔头的产业,让农民成为有吸引力的职业,让农村成为安居乐业的美丽家园。

乡村是具有自然、社会、经济特征的地域综合体,兼具生产、生活、生态、文化等多重功能,与城镇互促互进、共生共存,共同构成人类活动的主要空间。乡村兴则国家兴,乡村衰则国家衰。我国人民日益增长的美好生活需要和不平衡不充分的发展之间的矛盾在乡村最为突出,我国仍处于并将长期处于社会主义初级阶段,它的特征很大程度上表现在乡村。

全面建成小康社会和全面建设社会主义现代化强国,最艰巨、最繁重的任务在农村,最广泛、最深厚的基础在农村,最大的潜力和后劲也在农村。实施乡村振兴战略,是解决新时代我国社会主要矛盾、实现"两个一百年"奋斗目标和中华民族伟大复兴中国梦的必然要求,具有重大现实意义和深远历史意义。

中国共产党是领导我们事业发展的核心,毫不动摇地坚持和加强党对农村工作的领导,确保党在农村工作中始终总揽全局、协调各方,为乡村振兴提供坚强有力的政治保障,是乡村振兴战略成功的关键。

消除贫困、改善民生、逐步实现共同富裕,是中国特色社会主义的本质要求。2018年12月19日至21日召开的中央经济工作会议指出,打好脱贫攻坚战,要一鼓作气,重点解决好实现"两不愁三保障"面临的突出问题,加大"三区三州"等深度贫困地区和特殊贫困群体脱贫攻坚力度,减少和防止贫困人口返贫,研究解决那些收入水平略高于建档立卡贫困户的群体缺乏政策支持等新问题。

做好巩固拓展脱贫攻坚成果同乡村振兴有效衔接,关系到

构建以国内大循环为主体、国内国际双循环相互促进的新发展格局,关系到全面建设社会主义现代化国家全局和实现第二个百年奋斗目标。全党务必站在践行初心使命、坚守社会主义本质要求的政治高度,充分认识实现巩固拓展脱贫攻坚成果同乡村振兴有效衔接的重要性、紧迫性,举全党全国之力,统筹安排、强力推进。

乡村振兴的主要内容

第一,文化振兴。文化振兴是实现乡村振兴的思想保障,以社会主义核心价值观为引领,采取符合农村、农民特点的有效方式,深化中国特色社会主义与中国梦宣传教育,大力弘扬民族精神与时代精神。加强爱国主义、集体主义、社会主义教育,深化民族团结进步教育。

第二,产业振兴。推进农业的高质量发展。产业兴百业兴,实现乡村振兴要把农业发展摆在突出的位置,把产业发展摆在突出的位置。主要包括两个方面,一方面,要深入推进农业供给侧结构性改革,坚持质量兴农、绿色兴农、品牌兴农的主旋律,推动农业由增产导向转向提质导向。另一方面,要加快培育乡村产业、乡土产业,促进农村一二三产业融合发展,实现农民增收富裕、农村经济繁荣。

第三,生态振兴。生态振兴重在构建乡村振兴的环境基础,关键是在农业发展观上开展一场深刻革命,一方面是形成绿色的生产方式和产业结构,推动农业投入品减量、农业废弃物资源化运用和农业资源养护;另一方面是形成绿色的生活方式和人居空间,贯彻落实农村人居环境治理行动计划。

第四,人才振兴。乡村人才振兴要运用政策、机制、机会等多种方式,鼓励社会各类人才能够看到乡村希望、看好乡村未来、看见乡村生活,实现真正的"吸引人才到农村"。

第五,组织振兴。组织振兴重在保证乡村振兴的政治基础,农村基层党组织是实施乡村振兴战略的战斗堡垒。组织振兴就是要以成千上万名优秀的农村基层党组织书记为抓手,把我国社会主义民主政治的优势和特点充分发挥出来,形成"三治合一"的现代乡村社会治理体系,保证乡村振兴健康稳步推进。

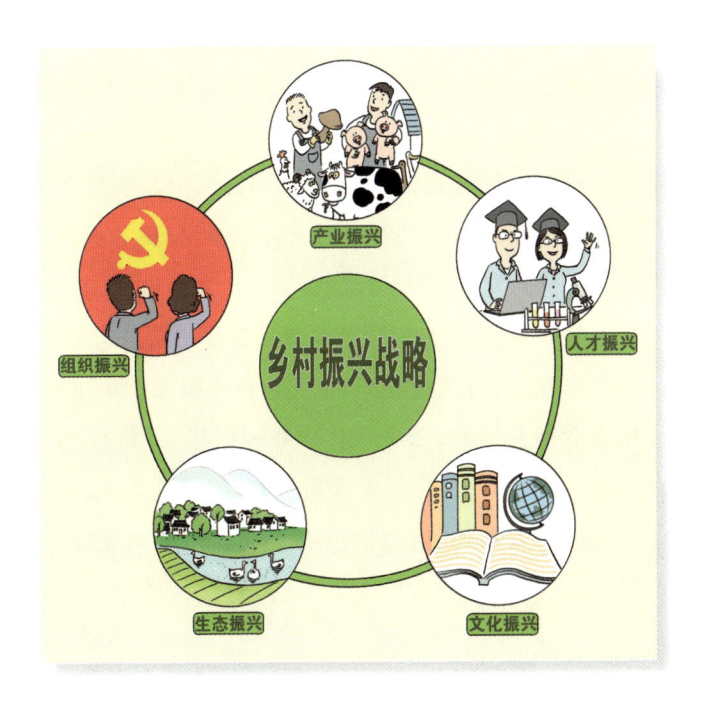

各地积极推进乡村振兴

山东省单县：加快实施乡村振兴战略

实施乡村振兴战略、打造乡村振兴齐鲁样板是习近平总书记对山东乡村振兴工作的殷切希望。山东省委省政府把打造乡村振兴齐鲁样板，作为八大发展战略之一。

单县加快实施乡村振兴发展战略，其中将单县浮龙湖生态文化旅游度假区作为重点项目建设，利用优良地质条件，突出发展生态文化旅游，努力实现文化振兴、生态振兴，以达到乡村振兴。

单县浮龙湖是单县乡村振兴战略中的重要一环，2019年1月7日，中美华尔集团与菏泽市政府就单县浮龙湖生态旅游开发有关事项进行考察洽谈。2019年2月，山东省菏泽市人民政府与中美华尔集团在京签署战略合作协议，携手推进浮龙湖生态旅游项目的发展。

河北省南和县：高效现代农业助推乡村振兴

河北省南和县在推进农业供给侧结构性改革过程中，不断优化农业产业结构，依托现代农业园区建设，将"工业化"管理理念引入农业生产，发展培育品牌农业、智慧农业、生态旅游农业等特色高效农业，有效促进农业增效和农民增收，助力乡村振兴。

安徽省蒙城县:"金口碑"里的乡村振兴新动能

亳州市蒙城县是安徽省党建引领信用村建设试点县之一。以此为契机,蒙城县将乡村信用体系建设与推动乡风文明和基层治理有机融合,引导金融资源向乡村汇聚,让诚信"金口碑"释放出"含金量",促进脱贫攻坚和乡村振兴。

图书在版编目(CIP)数据

中国"三农"故事之乡村记忆/农业农村部农村经济研究中心,人民日报社《讽刺与幽默》报主编;人民日报漫画增刊工作室编绘.——北京:研究出版社,2022.8

ISBN 978-7-5199-1263-5

Ⅰ.①中… Ⅱ.①农…②人…③人… Ⅲ.①农村经济发展—中国②农业发展—中国 Ⅳ.①F32

中国版本图书馆CIP数据核字(2022)第114005号

中国"三农"故事之乡村记忆
ZHONGGUO SANNONG GUSHI ZHI XIANGCUN JIYI

农业农村部农村经济研究中心
人民日报社《讽刺与幽默》报　　主编
人民日报漫画增刊工作室　　编绘

研究出版社 出版发行

(100006　北京市东城区灯市口大街100号华腾商务楼)
北京中科印刷有限公司 新华书店经销
2022年8月第1版　2022年8月第1次印刷
开本:880毫米×1230毫米　1/32　印张:5.5
字数:115千字
ISBN 978-7-5199-1263-5　定价:48.00元
电话(010)64217619　64217612(发行部)

版权所有·侵权必究
凡购买本社图书,如有印制质量问题,我社负责调换。